写给孩子的哲学思维启蒙课

趣味哲学启蒙

培养孩子的理性思维 人生认知篇

知吖亲子◎主编

中国妇女出版社

图书在版编目（CIP）数据

趣味哲学启蒙：培养孩子的理性思维. 人生认知篇 / 知吖亲子主编. -- 北京：中国妇女出版社, 2020.11

（写给孩子的哲学思维启蒙课）

ISBN 978-7-5127-1576-9

Ⅰ. ①趣… Ⅱ. ①知… Ⅲ. ①哲学—儿童读物 Ⅳ. ①B-49

中国版本图书馆CIP数据核字（2020）第188110号

趣味哲学启蒙：培养孩子的理性思维 · 人生认知篇

作　　者：知吖亲子 主编
内容顾问：高浩容
责任编辑：王海峰
封面设计：尚世视觉
责任印制：王卫东
出版发行：中国妇女出版社
地　　址：北京市东城区史家胡同甲24号　　邮政编码：100010
电　　话：（010）65133160（发行部）　　65133161（邮购）
网　　址：www. womenbooks. cn
法律顾问：北京市道可特律师事务所
经　　销：各地新华书店
印　　刷：三河市祥达印刷包装有限公司
开　　本：170×240　1/16
印　　张：10.75
字　　数：150千字
版　　次：2020年11月第1版
印　　次：2020年11月第1次
书　　号：ISBN 978-7-5127-1576-9
定　　价：40.00元

前言

如何成为一个哲学家

小朋友，你知道天上有多少颗星星吗？

听到猫的叫声，你知道它为什么而叫吗？

此刻镜子里的你和去年镜子里的你比起来有什么不一样？

你知道我们生活的世界几百年后将会是什么样子吗？

…… ……

上面这些问题好像并没有确定的答案，但人类好像对此类问题十分好奇。这世界上有一种人，他们尤其喜欢思考这些看似并没有确定答案的问题，这些人就是哲学家。

很久以前，有些人一直在思考这个世界究竟是怎么来的，他们可以说是最早的哲学家。

比如，古希腊哲学家泰勒斯，他认为宇宙万物源于水。后来，又有其他哲学家提出不同看法。有人认为火是宇宙万物形成的本原。有人认为爱是宇宙万物产生的力量。

这些观点现在看来好像很幼稚，但它们影响了一代又一代哲学家以及科学家，甚至催生了现代科学。

读到这里，你也许会问，既然远古哲学催生了现代科学，哲学家催生了科学家，那现如今哲学还有存在的必要吗？现代科技高度发达，现代的哲学家还能干些什么呢？

实际上，哲学家可以干的事情还有很多，因为人类正在面对或即将面对的未解之谜还有很多。

更重要的是，哲学是一种态度。对于所有还没有被科学解答的谜题，哲学永远抱有探求的精神。科学家还不能解决的问题，仍然需要哲学家去努力。

比如，现代医学虽然能告诉我们人为什么会生病，能告诉我们自然人死亡的生理标准，但医学仍然无法告诉我们，人有没有灵魂，人死后会去哪里。

再如，同样是人，为什么有人生来就是贵族，有人生来却是平民？人做了坏事，给予什么样的惩罚才合理？如果人死后会去另外一个世界，那将是一个什么样的世界？神灵存在吗？如果神灵真的存在，人类该怎么证明其存在呢？我们怎么证明我们正在学习的知识是绝对正确的？等等。

这么说吧，每一个哲学家都是一个好奇宝宝。他们总是瞪着大眼睛关注这个世界，不放过任何一个细节。他们不是鸡蛋里挑骨头，不是为了给别人找麻烦。他们只是希望能够发现世间万物的真相，他们不希望人们生活在无知之中。

对哲学家而言，搞清楚什么是真、什么是假，非常重要。

就像一个人忽然生病了，身体很难受，如果医生查不出他得的是什么病，就无法医治好他。那么，这个人就只能一直难受下去。而哲学家总是想要了解这个世界上存在的各种“病”，好让每个人都得到“医治”。

小朋友，你想成为哲学家吗？如何才能成为一个哲学家呢？

很高兴地告诉你，如果你翻开了这本书并读到了这里，你已经是半个哲学家了！

并不是只有在大学里读哲学专业的人，才能成为哲学家。

哲学家之所以受人尊敬，在于他们总是非常认真地对待任何问题。换句话说，一个人只要有一颗能永远探求真理、寻求真相的心，那么他就可以称得上一个哲学家。

比如，曾经很多人都认为地球是宇宙的中心，但哥白尼却大胆提出了“日心说”，从而完成了天文学上的一次重大变革。当然，现代科学已经证实，太阳也不是宇宙的中心。

小朋友，你想成为哲学家吗？只要你有一颗致力于探求真理的心，遇到不确定是真是假的事情，愿意付出努力去研究，不管能不能找到真相，你都算得上一个小小的哲学家。

目 录

上篇

我们如何成为现在的自己
——关于自我

中 篇

我们为什么活着
——关于生命

下篇

如何做一个好人
——关于道德

上篇

我们如何成为现在的自己——关于自我

第1课

我们应该如何理解性别

趣“问”哲学

小朋友，你知道男生和女生的差别在哪里吗？在你眼里，爸爸跟妈妈又有什么不一样呢？

我们的爸爸跟妈妈有很多不一样的地方，其中最大的区别，在于他们的性别不同。

所谓性别，就是一个人的生理性别特征。但是这种区分，现在很多时候没有那么准确了。

从前，我们可以从一个人的生理特征，判断其性别。但现在，越来越多的人认识到，人除了生理性别，还有心理性别。

比如，有的人生理上是男性，但心理上认定自己是女性。有的人生理上是女性，但心理上认定自己是男性。

小朋友，你是从什么时候开始知道自己是男孩或是女孩的呢？你知道自己是男孩，但你想当男孩吗？你知道自己是女孩，但你想当女孩吗？

从人成长的角度来看，人除了会长高、长胖，人的认知也在不断发生变化。

我们认识自己的性别，也有一个从感知到认知的发展过程。比如我们知道男女有别，这是因为我们知道男女生理基础不同，因而会存在诸多差异。但基于这样的感知，再加上更深层次的认知，我们才会对性别有更完整的认识。

关于感知和认知的区别，我们举个例子说明一下。

狗的智商跟六七岁的孩子差不多。如果我们要训练狗“帮我们叼报纸”，刚开始我们需要把报纸拿到狗的身边，让它看见报纸。然后，我们可以把报纸卷起来，逗引狗用嘴叼报纸。接着，我们可以站在狗的面前，面对叼着报纸的狗，伸手示意它把报纸放下。每当狗这么做时，我们给它一块饼干吃。

慢慢地，狗就会建立“叼起报纸并把报纸放在主人身边会得到饼干”的认知。

接下来，我们可以离狗远一些，再远一些。当狗叼着报纸移动到我们所在的位置时，我们给它饼干吃，并示意它把报纸放下。

练习多了，狗会对整个过程有更清晰的认知。

狗看见报纸、用嘴叼起报纸都属于感知能力的范畴。狗了解叼报纸给主人能得到饼干，则属于认知能力的范畴。在认知的层面，狗知道做这件事能得到好处。

然而，认知并不是不变的。比如，古时候，人们认为女性就应该负责煮饭、洗衣，男性就应该负责农耕、狩猎。但是现在在很多人看来，无论男女都可以在外工作，也都可以在家煮饭、洗衣。

小朋友，你认为感知能力与认知能力中哪一种能力相对比较可靠呢?

当我们还是小婴儿的时候，我们的大脑还没发育完全，我们缺乏认知能力，所以我们只能依靠感知能力来认识这个世界。我们饿了会哭闹，会用眼睛寻找食物。对那时的我们来说，感知能力比认知能力可靠，因为我们还不具备认知能力。

当我们的认知能力发展到一定阶段，我们将会对感知到的信息进行思考。比如，看见食物时，甚至因为食物的香气流了口水时，我们却可能会这样告诉自己："不行，我不能吃，我要减肥。"在这个过程中，尽管我们的感知能力让我们捕捉到了食物，但我们的认知能力却会让我们做出更理性的选择。

当然，认知能力有时候也不可靠。如果我们建立了不正确的认知，我们有可能做出片面的甚至错误的判断。比如，在花木兰生活的时代，人们普遍认为女性无法上战场打仗。

实际上，当一个女生说她不想当女生，或者当一个男生说他不想当男生，这就是一种认知能力的表现。他们之所以会这样，是因为他们感知到的自己和他们认知中想要成为的自己截然不同。也就是说，有时我们的认知和我们的感知可能存在矛盾。

那么，一个男孩感知到自己是男孩，在认知上却想当个女孩，该怎么办呢？这很有可能是我们成长过程中的一个小小的插曲。究其原因，也许是我们对自己的认识还不够全面。所以，我们不必为此烦恼。

从哲学的角度来说，探究认知的意义是为了不断修正我们的认知，从而让我们更好地认识自己，进而成为理想中的自己。

TIPS

思维风暴

小朋友，如果你的爸爸说他不想当你的爸爸了，你的妈妈也说她不想当你的妈妈了，你觉得可能吗？从哲学的角度，你是如何理解这个问题的呢？

第 2 课

我们应该做一个什么样的人

趣"问"哲学

小朋友，请回想一下，你从小到大遇到的所有作文题目中，印象最深刻的题目是什么？有个经典的题目叫"我的志愿"，你写过这样的作文吗？你是怎么写的呢？

〝我的志愿〞这个题目，是要我们畅想对未来的期待。也就是说，我们长大之后想成为一个什么样的人，想做什么样的事。这就是我们的志愿。很多人的志愿都很高大上，不是想要成为人人喜爱的运动员、航天员……就是想要成为能赚很多钱的大老板……但是，志愿一定是越大越好吗?

下面，我们一起来看一个小故事。

有个孩子叫阿达，他从小跟着爸爸生活。阿达的爸爸平时在外打零工，赚到一点儿小钱就会拿去买酒喝。阿达每天经常是有一餐没一餐。也就是说，阿达的爸爸经常忘了给阿达买吃的。所以，阿达只能自己捡剩饭剩菜吃。

和阿达差不多大的孩子每天都会去上学。阿达的爸爸说读书没用，不让阿达读书。

阿达的爸爸经常喝醉，家里又没有其他大人。所以没有人发现阿达的智商远比同年龄的孩子低。

阿达每天四处游荡，就像一位到处巡视的巡警。肚子饿了，他就到市场去。有些好心的摊贩会送一些快要过期甚至已经过期的食物给阿达。但是，当阿达看见那些比他更需要食物的小猫、小狗，他每一次都会毫不犹豫地把手上的食物分给它们。

天上的仙女看见阿达这么善良，便化身为一个医生，出现在阿达面前，对他说：“如果有一种药，人吃了会变聪明，你愿意试试吗？”

阿达不知道变聪明会怎么样，但他有一个心愿，便问道：“变聪明之后可以上学吗？”

“医生”告诉阿达：“对，如果你变聪明了，你就能去学校读书了。”

阿达听完，大声回答：“我要去学校。”

阿达吃了“医生”给的药，顿时便感觉整个世界都变得不一样了。别人说些什么、做些什么，阿达马上就能领会他们的意思。

阿达跑到学校，在教室外面偷听老师们讲课。有个老师见了觉得很奇怪，就把阿达叫进教室，问了他很多问题。阿达全部对答如流。老师又拿出一些更难的题目问阿达，阿达一个不落全都答对了。

这个老师觉得阿达是个天才，就把他带到校长面前。

校长决定让阿达到学校来上学。

阿达从学校回到家后，本以为爸爸看见自己变聪明了会很高兴，但他的爸爸只是醉醺醺地躺在床上，根本不理会他。

阿达立志发愤读书，早点独立。

阿达上了大学，读了硕士研究生，读了博士。后来，他成了一家公司的老板。

有一天，阿达赶着去见客户，把车开得很快，在路上撞到了一只小狗。阿达没有下车察看小狗的伤情，因为他觉得去见客户更重要。

仙女在天上看到当年善良的阿达，变聪明之后失去了原本的爱心，对阿达的转变感到很失望。

第二天，阿达便不再那么聪明了，同时也失去了他之前拥有的一切。

小朋友，听完阿达的故事，你有什么感想呢？一个有爱心的阿达和一个聪明的阿达，你更喜欢哪一个？

古希腊著名哲学家苏格拉底认为，做人最重要的就是要做一个善良的人。苏格拉底曾说：“善是我们一切行为的目的。”有一次，美国亚马逊集团首席执行董事贝索斯在演讲中说：“善良比聪明更重要，选择比天赋更重要。”

有些人天生就很聪明，有些人却天生没那么聪明，这没办法改变。但无论我们是聪明还是不聪明，我们都可以选择做一个善良的人，选择做对的事情。

如果一个人很聪明，但却不善良，那么他做的坏事可能比一个不聪明的人做的坏事更多且危害更甚。比如，一个不聪明的人，他能做的坏事，可能就是到处偷点儿小东西；但一个聪明的人，可能会利用自己的聪明才智做危害更大的坏事，从而损害更多人的利益。

所以，无论我们的志愿是什么，最重要的是我们一定要做一个善良的人。

那么，小朋友，你现在该怎么做，才能保证自己长大以后成为一个善良的人呢？

如果你希望自己长大以后成为一个航天员，你不能等到长大以后再去努力，你现在就要开始努力学习相关知识，锻炼体魄。同样地，如果你想成为一个善良的人，也不是非得等到长大后才去做善事，而是从现在开始，就要谨慎地看待当下的每个选择，以及与自己有关的每一件事。因为，永远做一个善良的人——就像孔子说的——并不容易。

如果你还没想好以后干什么工作，那么你可以先努力做一个善良的人。

TIPS

思维风暴

小朋友，现在你有明确的志愿了吗？你未来想成为一个什么样的人呢？畅想一下吧！

第 3 课

为什么我们特别在意别人的看法

趣“问”哲学

小朋友，你是否有过在众人面前出糗的经历呢？当时，你的感受是怎么样的？

当众出糗实在太尴尬了！比如，爸爸妈妈要我们在客人面前表演舞蹈，我们带着一腔热情上场表演，结果因为一个失误，在客人面前跌倒了。客人虽然忍住没有笑，但我们看得出来，客人对我们的表演不太满意。于是，客人和爸爸妈妈继续聊天，我们只得带着沮丧的心情退到一边。这时，我们可能会有这样一种感觉，"我真是太糟了！"

生活中，我们难免遇到类似的经历。我们可能因此会觉得自己很糟，觉得自己不够好，进而讨厌自己。

有时我们会讨厌全部的自己，有时我们会讨厌部分的自己。

比如，有的人会讨厌自己天生的卷发，无时无刻不希望把它给拉直了；有的女孩子会羡慕有一头乌黑长发的同学，因为很多人说，女孩就应该有一头长发，那样才显得有女人味。

英国作家简·奥斯汀的小说《傲慢与偏见》的主人公叫伊丽莎白。伊丽莎白出生在英国一个乡绅家庭，从小接受了良好的教育。但是，伊丽莎白和其他出身乡绅家庭的女孩有诸多不同。当其他女孩推崇温良贤淑的气质时，她偏偏认为"女孩也可以展现大胆豪放的一面"。其他女孩认为听从父母的安排找个好男人嫁了——是一个女孩一生最好的结局，她却认为“女孩不一定要结婚，更不应该听从父母的安排嫁给自己不喜欢的男人”。

伊丽莎白甚至不喜欢那些制式的女孩打扮，她不认为每个女孩都要梳类似的发型，穿相同款式的衣服，用相同的姿态走路、打招呼。

伊丽莎白的这些想法，以及她跟母亲唱反调的行为，都让她身边的长辈不能理解。很多人都觉得伊丽莎白不是一个好女孩。

小朋友，伊丽莎白的言行引发了很多人的反感，但伊丽莎白并不讨厌自己，你认为这是为什么呢？

讨厌是一种情绪。情绪有正面的，也有负面的。讨厌是一种负面情绪，而喜欢是一种正面情绪。情绪除了有正面和负面之分，还有程度上的差别。就像你有很多喜欢的食物，但你喜欢它们的程度是不一样的。你有你最喜欢的食物，你也有你稍微喜欢的食物。

反过来讲，也是如此。比如，你可能非常讨厌吃茄子，并且只是闻到茄子的味道就受不了，但你对青椒的讨厌程度可能就没这么厉害，平时一般不吃，但偶尔勉为其难也能吃上一小口。

当我们在思考我们这一层情绪反应的时候，我们思考的是我们主观的情绪反应。在主观层面，我们可以很简单地说出自己是喜欢还是讨厌某些事物。实际上，情绪还有另一个层面，就是有时我们喜欢或讨厌某些事物会受别人影响。

比如，你们班上有个同学不小心惹班长生气了，班长因此非常讨厌这个同学，班长的好朋友可能因此也会讨厌这个同学。但是，如果你仔细问他们："你们为什么讨厌这位同学呢？"他们可能自己也说不出个所以然来。他们没有意识到，他们之所以讨厌这位同学，只是因为他们的好朋友班长讨厌他。

如果伊丽莎白是我们班上的一员，就算她是班长的好朋友，她也不会因为班长讨厌这位同学，所以她也莫名其妙地去讨厌这位同学。为什么呢？因为伊丽莎白有自己的想法。正如当其他人都挑剔她的打扮不够淑女、说她的言行举止会让她嫁不出去时，她并不在意。因为她知道这些声音来自他人，而不是她自己。

所以，如果我们都能像伊丽莎白一样做自己，我们是不是就不需要考虑别人的看法了呢？

倒也不是这个意思！只是从某种意义上讲，比起凡事太在意别人的看法，真不如勇敢做自己。

德国哲学家尼采认为，哲学家和一般人有众多差异，其中一项是，哲学家特别善于跟自己相处。但这并不意味着哲学家跟一般人相比更孤独，或者特别讨人厌。

哲学家为了接近真理，必须随时持有两种态度。更形象一点儿讲，哲学家有了这两种态度就像有了两副能观察入微的眼镜一样。

这两副眼镜，一副是〝显微镜〞，一副是〝望远镜〞。

当我们讨厌自己时，我们不妨用〝显微镜〞检视一下问题的核心是什么。比如，我们因为长了一头卷发而讨厌自己。然而，如果我们能仔细地分析一下，我们可能会发现，其实我们是怕别人觉得我们丑。这会让我们失去自信。此时，我们若不断调大显微镜的放大倍数，我们会发现，不知何时我们已把我们的自信和我们的外表联结在了一起。

当我们分析到不能再分析的细节之处，这时我们可以拿出我们的"望远镜"。对比刚刚我们用"显微镜"看见的自己，我们可能会发现，我们没自信是因为身边有些人告诉我们只有直发才好看。但当我们用"望远镜"看向别处，我们可能会发现并不是每个人都认为直发好看。

通过这两副眼镜，我们能真正弄明白我们为什么那么在意别人的看法。然后，我们可能会发现：有时我们之所以那么糟，只是因为我们太在乎别人的看法了。

TIPS

思维风暴

"显微镜"和"望远镜"这两样工具，既然能用来帮助我们分析"我们为什么讨厌自己"，那么它们是不是也能用来帮助我们分析"我们为什么喜欢某个人"呢？

第 4 课

人一定要开心吗

趣"问"哲学

小朋友，你见过不开心的动物吗？不开心的动物通常会有哪些表现呢？

我们先来看一个小故事。

以前，我们家有条狗叫〝黑皮〞。黑皮是一条浑身长着黑毛的土狗。它每天大多数时间心情都很好。在家里，它最喜欢我爸爸，因为它是我爸爸带回来的。

我爸爸每天给它吃的、喝的，帮它洗澡，教它规矩。黑皮虽然也会跟家里其他人玩，但一旦我爸爸回来了，它不管跟其他人玩得多开心，都会马上跑去爸爸身边。

有时爸爸出差，一两天不在家。黑皮经常在门口等爸爸，等不到的时候，它就会变得不开心。

当它不开心的时候，它的尾巴就像电量不足似的，不像平常一样甩来甩去，而是低垂着。它的眼角也会下垂，完全没有精神。即使看见自己喜欢的食物，它也懒得动。它总是趴在门边，一副懒懒散散的样子，像个泄了气的皮球。

我们不开心的时候，是不是也是如此呢？

我们的表情会泄露我们的情绪。我们不开心的时候，原本我们感兴趣的事情，都变得没那么吸引人了。不开心的时候，我们什么也不想做，就像内心被我们不开心的情绪给控制了，以致我们全部的心思都放在不开心的情绪上了。这时，谁若是对我们好一些，我们可能都会觉得那是一种打扰。

小朋友，你有不开心的时候吗？不开心的时候，你的表现是怎样的？你为什么会不开心呢？

有时，我们的不开心是有理由的；有时，我们的不开心又好像是没有理由的。比如，我们对某次考试胸有成竹，最后考出来的成绩却不尽如人意。并且，我们清楚如果我们当初细心一点儿，就不会考得那么糟糕。因此，我们可能会不开心，我们可能会生自己的气。

有时，我们不开心是因为别人。比如，爸爸妈妈跟我们约好，周末带我们去看动画电影，结果他们临时改了行程。没看成动画电影，我们很不开心，觉得自己被欺骗了。

有时，我们甚至不知道自己为什么不开心。比如，爸爸妈妈对我们很好，我们跟朋友相处起来也没问题，我们也得到了一直想要的生日礼物，可是我们还是不开心。

对于知道原因的不开心，我们往往知道问题的症结在哪里。知道原因的不开心，大多是因为〝我们的期望落空了〞。

考试没考好，我们对自己的期望落空了，因而会不开心。爸爸妈妈没带我们去看电影，我们对爸爸妈妈的期望落空了，因而会不开心。

当我们通过其他方式满足了自己的期望，我们可能会开心一些。比如，好好学习，下次考试时考得好一点儿，满足自己对自己的期望；让爸爸妈妈隔天带我们去看动画电影或是去我们想去的游乐园，弥补我们的遗憾。

而对于不知道原因的不开心，我们可以试着换个环境，比如待在房间里总会想起考试，那么不如去外面逛逛街，说不定可以舒缓不开心的感受。

或者，我们可以参考一下尼采对人性的看法。尼采认为，人天生就有追求目标、实现自我的倾向。因此，为了让我们变得开心，我们或许应该给自己一个目标。

有些人常说："我什么也不想要。"但他们这个"我什么也不想要"的念头，其实是一种"想要"。

有些学生常说："我不想写作业。"这里的"不想写作业"其实正是这些学生"想要"实现的目标。

我们再思考一个问题，为什么我们一定要开心呢？为什么我们就不能不开心呢？

我们不妨尝试一下，尝试让自己不开心，看看究竟会怎样。我们可能会在这个过程中发现，这并不符合我们内心对自己的期望。

有时，不开心的情绪在当下很浓烈，以致我们忘了其他开心的时刻。比如，我们对自己失望的时候，我们可能会觉得自己很糟糕，以致我们遗忘了之前经历的所有快乐。

有时，我们对某个人失望，当下我们可能会觉得再也不想跟他说话了，以致我们忘了我们之前跟他在一起度过的时光有多愉快，忘了他曾经对我们的好。

事实上，人的天性就是追求开心。就像许多哲学家和生物学家说的一样，人和其他动物一样，都有趋利避害的天性。所以，即使我们不知道为什么我们会不开心，我们也能感受到不开心带来的痛苦。很多时候，我们还是希望自己能尽快开心起来。

人一定要开心吗？

人会开心，也会不开心，但人更倾向让自己开心。我们不一定永远都能保持开心的状态，但我们的天性会促使我们调整自己，尽力维持开心的状态。

有时别人会让我们不开心，有时我们也会让别人不开心。当我们看见我们喜欢的人不开心，我们可能希望帮对方分担不开心，希望对方告诉我们为什么他不开心。也正是因为这样，当我们不开心的时候，我们还要学会表达自己的不开心。

TIPS

思维风暴

请思考一下，为什么看到别人很开心时，我们也会跟着开心起来呢？

第 5 课

感觉自己不受欢迎怎么办

趣"问"哲学

小朋友，如果你走在路上，一个不小心跌倒了，你的第一反应会是什么？有的小朋友会赶快站起来，并会跟自己说"没事没事"。有的小朋友会"哇"的一声哭出来。还有的小朋友觉得自己在大庭广众之下跌倒太丢脸，恨不得赶紧找个地方躲起来。如果是你，你会怎么办？

心理学上有个理论，叫作“聚光灯效应”。

剧场里有表演的时候，为了让观众看清楚舞台上的演员，灯光师会将舞台顶端的聚光灯全部打开。灯光打在演员身上时，他们会变得十分醒目。这是物理学意义上的“聚光灯效应”。

我们走在路上时，一不小心跌倒了，或是做了一些让我们觉得“好丢脸”的事情，我们往往会有一种感觉，好像周围所有人都在看我们，甚至在嘲笑我们。这时，周围人的目光就像“聚光灯”，而我们则成了“舞台上的演员”，必须承受周围所有人投来的异样的目光。这是心理学意义上的“聚光灯效应”。

事实上，心理学家是想通过“聚光灯效应”告诉我们，当我们在路上跌倒，或是做了某件我们自认为很丢脸的事情，周围的人很可能根本不怎么在意，但我们因为自己很在意这件事，所以会以为周围人同样很在意。

哲学家是怎么看待这种心理的呢?

从哲学的角度看，我们每个人对于自己到底是一个什么样的人，一般来讲有三种看法：

第一种，我们所了解的自己，就是真实的自己，其他人不可能比我们自己更了解我们。

第二种，我们对自己的认识肯定有盲点，很多时候我们需要通过其他人来帮助我们了解自己。

第三种，我们永远不可能完全了解我们自己，通过其他人也不可能；我们对自己的了解永远是片面的。

小朋友，你认为这三种看法，哪一种跟你对自己的看法比较吻合呢？

如果我们不好的感受来自我们对自己的误解，或者来自他人对我们的误解，那么我们只要把误解的部分澄清即可。其实，很多烦恼都是我们庸人自扰。

我们来看一个小故事。

有一个人一天早晨起床的时候，发现妻子好像刻意要跟他保持一定的距离。他虽然有点儿不开心，却又不好意思问妻子怎么了。

然后，他出门，准备搭公交车去上班。路上遇到邻居，他发现邻居也像是在回避他，没跟他打招呼。

到了公司，他发现平常有说有笑的同事以及热情的晚辈，都对他很冷淡。

总之，这个人这一整天过得很不快乐。

晚上下班后，他没有回家，直接跑去朋友家，想找朋友吐吐苦水。他对朋友说这一天所有人都躲着他，他很不开心。

朋友听了，拿出一面镜子给他。

这个人照了照镜子，发现自己眉头紧皱，嘴角朝下，整个人看起来一副很生气的样子。

朋友问道："你今天一天都是这个表情吗？"

这个人这才意识到，之所以大家都躲着他，是因为他今天脸上一直挂着这副表情。他这才明白，大家都怕惹到他，所以才会和他保持距离。

这时，这个人脸上才有了笑容。回家的路上，他感觉路上没有一个人想要避开他，对他很友好。

有时，我们感觉自己很不受欢迎。也许，这不是事实。但我们若一直这么想，我们可能就会跟上面故事中的那个人一样，脸上堆满不快乐的表情。当我们脸上堆满不快乐的表情，我们会让身边的人产生这样的想法：“这个人看起来心情不好，暂时不要打扰他。”当大家都对我们避之不及，我们看到这个情况，心情会变得更糟糕。

还是那句话，很多不快乐，都是我们自寻烦恼。

有的小朋友可能会问了，既然有时“我们感觉自己不受欢迎”是个误会，那么有时“我们感觉自己很受欢迎”是不是也有可能是个误会呢？

这个问题问得很好，确实有这种可能。

有时，我们对于自己的判断，以及我们对于自己在别人心目中的形象的判断，如果太过主观，往往不太准确。

当然，要特别注意的是，有时我们可能真的是不受欢迎，但不受欢迎也未必是坏事。

有一次，孔子的学生子贡，问了孔子一个问题：“老师，如果有一个人，全村的人都喜欢他，那么这个人会是一个什么样的人呢？”

孔子回答：“未必是好人。”

子贡又问："如果全村的人都讨厌这个人，这个人又会是一个什么样的人呢？"

孔子回答："未必是坏人。"

孔子为什么这么说呢？他是这样解释的，与其被全村的人喜爱或讨厌，倒不如做一个全村的好人都喜爱、全村的恶人都讨厌的人。

可见，你不受某些人欢迎，有可能是因为你为人正直，而不欢迎你的人都是一些偷鸡摸狗之辈。像你这样充满正义感的人，是不允许他们干坏事的！那么，若是被这样的人讨厌，又有什么不好呢！

相应地，如果偷鸡摸狗的人都喜欢你，那很可能是因为你会跟他们一样偷鸡摸狗。这正好说明你的品格很糟糕，是不是这样呢？

所以，感觉自己不受欢迎，不要急着否定自己，要先搞清楚原因。也许，我们会发现，有时感觉自己不受欢迎是我们庸人自扰，并不是事实。或者，我们会发现，我们确实不受某些人欢迎，但这正是我们秉性纯良的明证。

TIPS

思维风暴

小朋友，你希望自己成为人人欢迎的人吗？为了让自己更受欢迎，你会为此做些什么事情呢？

第 6 课

感觉孤独的时候该怎么办

趣"问"哲学

在一个人迹罕至的森林深处，有一株小草。没有人知道这株小草的存在，没有一棵大树曾低头注视过它。这株小草看上去微不足道，甚至没有动物来吃它，因为它的味道实在平淡无奇。这株小草很安静，就像汪洋里的一个从没有人到过的岛屿。小朋友，如果你是这株小草，你会有什么感受呢？你会觉得孤独吗？

为什么小婴儿爱哭呢？有人这样解释，人来到世界上，注定会遇到很多困难，小婴儿意识到了这一点，因而常常哭泣。

我们都曾经是小婴儿。随着一天天长大，我们会发现生活中确实有好多重担等待着我们。

我们要学习知识，每天都要读书、写字，要接受家长和老师长达好多年的督促，同时要面临好多考试，长大之后还得找工作谋生。

如果遇到我们喜欢的人，而对方不喜欢我们，我们会很失落。这种失落可能会发生好多次。

我们每天都有机会认识新朋友，也有朋友会离开我们。有些朋友离开的时候静悄悄的，等我们发现的时候，他早已远去。

每当我们遇到困难的时候，大人总是告诉我们要努力、努力、再努力。就好像只要我们足够努力，一切就会变好。可事实是，我们周围的大人，他们当中有好些人非常努力，却过得并不快乐。

当我们思考生活时，我们就是在实施一种神圣的哲学活动，这种活动叫作“沉思”。

哲学家在开始沉思之前，他们都曾面临一种处境。这种处境几乎每个人都会遇到，就是“孤独”。

对于什么是孤独，不同的哲学家有不同的解释。

德国哲学家叔本华认为，孤独是因为我们不愿意变得庸俗。有些人之所以孤独，在于他感兴趣的事情和大多数人感兴趣的事情不一样。

比如，一个正在读小学的天才少年，当身边的同年龄的孩子每天都在看动画、玩手机游戏时，他却把心思放在了如何改善雾霾、如何才能帮到自闭症儿童等事情上，所以他和身边的孩子根本没有共同话题。就算有时会感到孤独，他也不想跟其他孩子打成一片，他只想专心思考自己感兴趣的事。

英国哲学家培根则认为，孤独是因为缺乏真正的友谊。是否拥有真正的友谊，并不取决于我们身边有多少朋友。

培根认为，真正的朋友是很少的，真正的朋友必须具有以下特性：愿意和我们分享他心里的一切秘密，不会有丝毫隐瞒；总是冒着被我们误会的风险，把他们最真诚的建议讲给我们听。

举个例子，当我们想要在考试时作弊，真正的朋友会劝阻我们，并且愿意和我们一起努力，一起用正确的方式提升成绩。

按照叔本华跟培根的说法，我们不难发现，有时孤独是我们自己心甘情愿的选择。比如，我们的兴趣跟别人的兴趣不同，但我们不会为了交朋友，放弃自己的信念。有时，孤独是因为我们没有选择，因为我们很难遇到一个真正能够和我们交换心里的秘密的人。

那么，当我们还没找到自己的兴趣，还没有遇到真正的朋友时，我们该怎么面对孤独呢？孤独多么难受啊！

你还记得本文开头提到的那株小草吗？它虽然很小，虽然不曾被注意到，但它确实存在，也有自己的生存空间。实际上，这株小草并不孤独，因为它知道自己没有必要像大树一样威猛，它有属于自己的生活方式。

传说，在遥远的北海有只身形巨大的大鹏鸟，它一展翅能遮住半边天，展翅高飞时可以飞到其他鸟儿都飞不到的高度。

与大鹏鸟相比，我们日常所见的麻雀身形娇小，无论如何努力也飞不了多高。尽管如此，大鹏鸟和麻雀，它们无须羡慕彼此，因为它们各自有各自的特质，各自有各自的快乐。

不难理解，我们每个人也都有专属于我们自己的特质以及专属于我们自己的快乐。

我们无须刻意孤独，但我们一旦面对孤独的时候，要学会挖掘、发现专属于我们自己的快乐。

比如，当你一个人独处的时候，你可以试着整理自己以前拍的照片，想想自己之前曾去过哪些地方，回忆那曾经的快乐。

躺在床上的时候，你可以想想自己曾经读过的书中哪一本特别有趣，还想再读一遍；或者自己在脑海里编个故事。

或者，你可以试着来一次一个人的〝冒险〞。以前，上学时，你总是跟同学走在一块儿，你们总是忙着聊天。也许，当你试着一个人上学，你会发现一间有趣的小店。那间小店一直在你每天都会走过的路的旁边，只是过去你没有注意到。

小朋友，你不妨再想一想，〝孤独的时候，我们还能干哪些事？”

虽然孤独有孤独的好处，但这并不表示当我们孤独的时候，我们不可以向外寻求帮助。

有时，孤独需要一个简单而温暖的拥抱来化解。所以当我们孤独的时候，我们可以选择好好享受这孤独的时间，也可以向别人寻求安慰。

TIPS

思维风暴

有人说，孤独是一种财富。你怎么理解这句话吗？

第 7 课

我们若不想长大，可以吗

趣"问"哲学

小朋友，你人生最早的记忆是什么呢？有人能记得三岁时和爸爸妈妈一起出游的经历。有人能记得五岁时跟邻居家孩子打的一场游戏。有人能记得两岁时收到的一份生日礼物。但也有人说，他六岁以前的事情基本都忘了……

随着日子一天天过去，我们慢慢地会发现，我们脑海中的记忆越来越多。这是因为我们越长越大，经历的事情也越来越多。相应地，我们的记忆就像一本原本薄薄的书，慢慢地变得越来越厚。

话说什么叫长大呢？

哲学家认为，长大是一种变化，但这种变化跟其他的变化不太一样。

有些变化周而复始，不断循环。比如，白天变成黑夜，黑夜变成白天。

有些变化是不可逆的。比如，我们打破了一个杯子，这个杯子永远都不可能变回原来的样子。

既然会有变化，那么导致变化的力量又是什么呢？这个力量肯定存在。

哲学家认为，有些事物的变化源自外在的原因，有些事物的变化源自内在的原因，但也有很多事物的变化是内在原因和外在原因共同导致的。

比如，我们身体上的成长，就是内在原因和外在原因双重作用的结果。一方面，我们必须吃东西，才能获得我们身体成长必需的能量。如果我们不吃不喝，就可能影响身体发育和成长。我们的认知能力同样如此。如果我们不吸收新的知识，也不思考，我们对这个世界的认识可能就会一直停留在一个比较幼稚的阶段，永远无法成熟起来。

另一方面，我们的身体之所以能够成长，也有我们内在的原因。这可能和我们天生的潜能有关。从现代医学的角度来讲，这种潜能来自我们的基因。比如，有些孩子不管怎么看电视，都不容易近视；有些人却早早就近视了。这是因为有些人具备不容易近视的基因，有些人则具备容易近视的基因。

有些小朋友期待自己快快长大，但也有些小朋友不想长大。你是想快点长大，还是不想长大呢？

这个问题让我想起一部小说——《彼得·潘》。这个小说讲的是一个会飞的男孩彼得·潘在梦幻岛冒险的故事。

一天，温娣和两个弟弟遇到了会飞的男孩彼得·潘，并学会了飞行。之后，温娣和两个弟弟跟着彼得·潘来到了梦幻岛。在梦幻岛，他们经历了很多事情。后来，温娣和两个弟弟离开梦幻岛，回到了家，他们很快长成了大人。而彼得·潘则永远像个孩子一样活力四射，喜欢探索各种新奇的事物，热爱冒险。

小说中讲道，如果你想要学会飞行，首先你得有想象力，你得相信自己能飞起来。所以小孩子往往很容易学会飞行，而大人则很难学会。对于大多数大人来讲，当他们听到孩子说“我会飞”，他们根本不相信，甚至认为孩子太愚蠢，老是有不切实际的想法。

有些大人经常对孩子说，长大要付出很多代价，再也不能开开心心过日子，每天都要为了生活忙碌，每天都得早起，不能赖床。

天哪！长大简直就是一个噩梦啊！是不是？这也许是很多小朋友不想长大的原因。

长大真的不好吗？

其实，并不是每个人的成长都要付出代价，也不是每个人长大后都会变得不开心。

在哲学家亚里士多德看来，我们每个人的潜能有多大，其实难以想象。只有我们真正努力了，我们才能知道自己到底有多大的潜能。

比如，你很怕水，不敢游泳，但是当你学会游泳，你会赫然发现，"哇！原来我有游泳的潜能啊！"

就像《彼得·潘》里的温娣姐弟仨，他们长大之后，如果还是相信自己能飞起来，他们还是愿意拥有丰富的想象力，那么他们也许还能继续像小飞侠彼得·潘一样发现这个世界的无数可能。

如果你有不想长大的念头，不要觉得自己有什么错，也不要害怕长大。长大后，我们能够做的事情，其实更多了。孩子无法拥有大人的身体，但大人却可以拥有一颗童心。这样想想，长大是不是并不可怕？只要我们好好发挥自己的潜能，努力活成自己想要成为的样子就可以了。

TIPS

思维风暴

小朋友，身体上的长大和精神上的长大，永远都是同步的吗？你是怎么看待这个问题的呢？

第 8 课

人活着可以没有烦恼吗

趣“问”哲学

很多小朋友肯定都有过这样的经历：为了期末考试，做了很多准备工作，想要考个好成绩，却总担心考不好，结果在考试前一天，因为压力大，觉都没睡好，考试自然也没考好！

考试之前，我们若总是想“考不好该怎么办”这样的问题，肯定会给我们带来很大的压力。另外，有些小朋友还会担心“考试当天忘记带笔怎么办”，或是“刚好考到自己不会的题目怎么办”。更多小朋友则会担心“如果考不好，会受到父母的责罚”。

你说奇怪不奇怪？明明有些事并没有发生，只是我们的想象，但一想到它们的时候，我们就会恐惧、不安，就跟它们已经发生了一样。

长期以来，许多哲学家看到了人在压力之下的痛苦，于是想方设法要破解压力的谜团，从而帮助人们找到获得快乐的方法。

哲学家海德格尔认为，人基本上有两种不快乐：忧虑和恐惧。

一般来讲，忧虑往往是没有原因的。比如，你某天坐在一个地方，觉得内心很不安，隐隐约约觉得好像有什么坏事要发生，这表明你陷入了忧虑之中。

恐惧通常有个具体的原因。比如，对于一个害怕蛇的人，一切跟蛇有关的信息，都会让他感到害怕。

比起以上所讲的忧虑和恐惧，海德格尔还说，人最大的焦虑和恐惧，是不知道怎么活着。

小朋友，你不妨想象一下你和朋友踢足球的情景。你把足球往东边踢，足球就会被你踢到东边；你把足球往西边踢，足球就会被你踢到西边。海德格尔觉得，人就像一个球，因为我们根本没有选择，就被带到了这个世界。换言之，我们也很像一个被人踢来踢去的球。这也许有点悲观。

我们不能选择我们的父母，所以如果我们的父母个头不是很高，我们也极有可能不会长太高。

有太多事情都不是人力能掌握的，而这种不能掌握的感觉，会让人很不安、很无助。这种不能掌握的感觉会给我们带来忧虑。

有些事情，我们知道它们终将发生，并且处理起来很不容易，这会让我们恐惧。比如，从小学到大学我们要经历很多考试，我们在准备考试的过程中会很辛苦。另外，进入社会后，我们还会遇到很多不同形式的考试。我们知道我们迟早要面对这些事情，并且可能要面临失败。这种不好的预期会让我们恐惧。

换句话说，忧虑和恐惧是每个人都要面对的人生课题。

既然如此，我们有可能解决这些课题，或者我们有可能把这些课题统统消灭掉吗？

有时，我们之所以会觉得某件事有问题，其实是我们庸人自扰，因为我们把一件本来很简单的事情想得过于复杂了。

我们来看一个名叫《庄子钓于濮水》的故事。

有一天，庄子在濮水钓鱼。

楚国的国君派了两位官员来找庄子，希望延揽庄子到楚国当官。

庄子问这两位官员："听说楚国有只活了三千年的神龟，死后被楚王收在很贵重的盒子里，置于庙堂。人们争相朝拜。你们说这只神龟更愿意付出死亡的代价换取死后的荣耀呢，还是更愿意活着？虽然它活着时只能以卑微的姿态活在烂泥之中。"

两位官员回答：“它当然更愿意在烂泥中自由地玩耍。”

庄子听了说：“你们走吧！我也宁愿在烂泥中玩耍。”

对很多人来说，当官是梦寐以求的事情，但庄子不以为然，他认为当官会让他失去一部分自由。可见，当官这件事，对于想要当官的人来说，可能是件好事；但对于不想当官的人来说，非但不是一件好事，甚至可能是一件令人头疼的事情。

小朋友，读书对你来说是一件令人讨厌的事吗？

一件事情是否令人讨厌，取决于我们看待这件事的角度和心态。

比如，对于一个立志要当钢琴家的小朋友来讲，练琴虽然很辛苦，但这种辛苦带给他的将是成就感和快乐。那么，练琴对他来说，就不是一件苦差事。

同样地，对于某些小朋友来讲，他们觉得读书对他们很有意义，因此在他们看来，读书虽然累，但这样的疲累却能给他们带来精神上的满足。

实际上，我们可能永远也无法消灭所有的问题和烦恼，但我们可以通过解决某些问题，得到更多幸福和快乐。

发现了吗？所谓的问题，其实都是人的问题，因为很多问题都跟人有关，都是人“想象”出来的。比如，考试对某些人来说可能是一件令人头疼的事，但对于另外一些人来讲，他们完全没有任何困扰。

还有一点，有问题不见得是坏事。我们来看看哲学是如何诞生的。很多在大多数人看来理所当然的事情，却有人觉得它们不简单，这催生了哲学家和哲学这一门学科的诞生。

可见，能发现问题，本身就是一种智慧。

你在课堂上发现老师讲的某些内容你听不懂，但你真心想弄明白，你可以大胆地举手说：“老师，我有问题！”当你开始这么做时，你已经像一个小小的哲学家了，因为你已经懂得通过“问题”来学习。

TIPS

思维风暴

有哲学家说，人的一生就是在不断地发现问题，然后解决问题。小朋友，你是如何理解这句话的呢？

第 9 课

人为什么要读书

趣“问”哲学

小朋友，你喜欢读书吗？你觉得读书的意义是什么呢？

小朋友，你喜欢读书吗？

可能有的小朋友喜欢，有的小朋友没那么喜欢。但是，不管我们喜欢不喜欢，爸爸妈妈都会要求我们多读书。

到底读书有什么好，我们为什么要读书呢？

当我们思考一件事时，若我们发现我们的思路就像被堵住的水管一样没办法继续思考下去的时候，我们或许可以换个方式思考，比如可以进行“逆向思考”。

逆向思考，就是用与原来的思维方式相反的思路思考同一个问题。

回到上面的问题，我们为什么要读书呢？想要回答这个问题，我们不如先想想读书的“不好”。因为读书的“不好”好像更容易被我们想到。

首先，读书需要我们认识好多字。否则，碰到不熟悉的字、看不懂的词，我们就会觉得很难受。如果不认识或不理解的字、词太多，我们可能就会失去读书的兴致。

其次，读书时，我们只能看到一个个静止的文字。因此，读书相对来讲特别枯燥。

当然，还有最让人头疼的，就是读书常常和考试捆绑在一起。考试考得好，我们不见得能得到奖励；考试考得不好，我们却有可能要接受惩罚。随时可能出现的惩罚，以及为考试绞尽脑汁的辛苦，无疑让读书变成了一件苦差事。

所以，谁还想读书呢？那不是给自己找罪受嘛！

既然如此，我们还读书干吗？大家都把书丢了吧！

慢着！

虽然有些人不喜欢读书，但确实也有些人喜欢读书。小朋友，你会不会好奇为什么有人喜欢读书呢？

喜欢读书的人，他们之所以喜欢读书，也是有原因的。

前面，我们提到了人们不喜欢读书的常见的三种原因。下面，我们反过来看看那些喜欢读书的人，他们又是怎么想的呢？

读书时难免会碰到不熟悉的字、看不懂的词。但当我们在阅读过程中通过各种方式弄懂这些字和词，进而真正读懂一本书时，我们会获得双重的成就感。并且，当我们看得懂的字和词越来越多，我们就能阅读更多的书，更多的好书。

读书表面上看没有看动画片有趣，事实上却并不如此。动画片是直接告诉我们故事是怎样的，读书却需要我们在文字阅读的基础上充分发挥我们的想象力，进行二次创作，以想象出故事场景。比如，《西游记》中孙悟空和牛魔王打斗的场面，你的想象力有多丰富，画面就有多精彩；你若能连续想象几天，他们就能打几天。

最后，讨厌考试，不等于要讨厌读书。往往我们讨厌读书，是讨厌读那些为了考试而不得不读的书。当我们在考试中遇到不会的题目，我们会觉得紧张，甚至会因为苦苦思索答案而觉得头疼如裂。考试之后，若考不好，我们要面临大人的责罚。责罚会给我们带来不快乐的感受。同时，我们会为自己不好的表现感到羞耻。从这个角度看，我们讨厌的可能不是读书，而是不成功的考试带来的负面感受。

实际上，你真的是不喜欢读书吗？你还记得你喜欢的那些内容精彩、有趣的小说、漫画、绘本或杂志吗？读这些书时，你是不是经常废寝忘食，舍不得放下？我相信你给出的答案是肯定的。这说明，如果读的是你喜欢的书，你其实并不排斥读书。

“不管我们喜不喜欢，读书都是我们必须要做的事！”你的父母和你说过这样的话吗？你觉得这种说法对吗？

我们来思考这样一个问题：“有很多有意义的事，我们做的时候并不快乐，我们还有必要去做吗？”

小朋友，我们读书的目的是什么呢？你想过这个问题吗？

如果我们读书的目的只是为了追求快乐，那么当我们不快乐时，我们自然就不想继续读下去了。如果除了追求快乐，我们还能找到读书的其他目的，我们会不会因此爱上读书呢？

英国哲学家培根认为，读书的目的不单是为了追求快乐，而是为了学会独立思考，从而避免成为一个人云亦云、没有主见的人。

这么说来，读书的目的比读书本身好像更重要。

那么，喜欢读书的人肯定比不喜欢读书的人优秀吗？

德国哲学家叔本华说，读书要灵活地读，而不是一味背诵。书里讲了什么，我们不能全盘接受。读书的目的，是为了学会独立思考。更重要的是，读书可提升我们的品格，陶冶我们的情操。

可见，即使一个人很喜欢读书，但他读书的方法若是死读书、读死书，那么读书对他的思考能力并不会有任何助益。更进一步讲，如果一个人读书的目的，是为了更好地做坏事，学习欺骗他人、获取不正当利益的手段，那么按照叔本华的标准，无论这个人多么喜欢读书，他读书的行为无论对他个人还是社会都谈不上是什么好事。

因此，当我们思考〝人为什么要读书〞这个问题时，我们不只要探讨读书的目的，我们还得搞清楚这个目的是不是一个〝向善〞的目的。

TIPS

思维风暴

小朋友，读书多的人肯定比读书少的人聪明吗？另外，请你思考一下，你从读书这件事之中都收获了些什么呢？

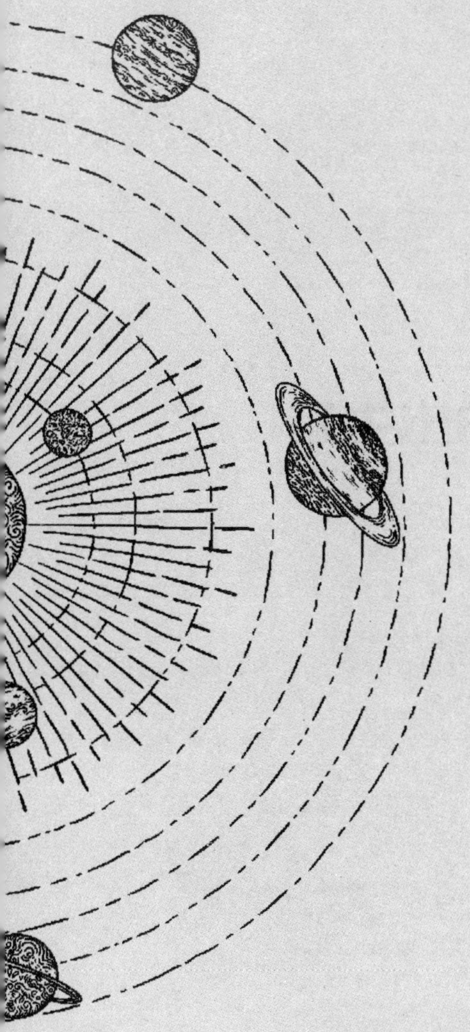

中篇

我们为什么活着
——关于生命

第10课

我们能决定自己的出生吗

趣"问"哲学

有人说，小宝宝刚出生的时候之所以会哭，是因为他出生以后发现活着太辛苦了，所以就哭了。你认可这种说法吗？

小宝宝真的是出生之后发现活着很辛苦才哭的吗？

从科学的角度看，这种说法很显然是不可信的。

之所以会有这种说法，人们可能是为了传达这样的道理：生活中有许多开心的事情，但也会有许多痛苦的事情；我们无法逃避生活中的痛苦，因为它们本身就是生活的一部分。

一般来讲，我们的心理都有一定程度的“韧性”，能接纳欢笑，也能承担痛苦，并且会越来越成熟、理智，就像坚韧的小树苗，尽管要承受风吹雨打，终会长成参天大树。但人生遭遇艰难的时候，我们内心难免会冒出这样的声音：“要是我没有出生就好了。”

这个问题听起来好像很荒谬，因为当我们这么想的时候，我们已经出生了。对！我们不但已经出生了，而且还活了好些年了。

“如果我没有出生就好了！”有这种可能吗？

假设我们真的可以发明时光机，我们可以搭乘时光机去任何时间的任何地方，甚至回到过去。如果我们回到我们的父母相遇之前并阻止他们相遇，他们就不会相遇，就不会恋爱，就不会结婚生子，也就不会生下我们。如此一来，我们不就可以不出生了吗？

但是，你有没有想过，如果我们真能这么做，就会引发一个时间悖论。试想一下，如果我们没有出生，我们就不可能搭乘时光机回到过去，就不可能阻止自己出生。如果我们出生了，又搭乘时光机阻止了父母的结合，那阻止父母结合的“我们”又是怎么来的呢？

换句话说，当你在思考、在行动、在幻想、在痛苦的时候，这些活动的指挥者肯定是你的大脑。那么，这个在思考、在行动、在幻想、在痛苦的你肯定存在。你不存在，但你却在思考，这种情况是不存在的。

所以，即使你不想出生，你也无法改变你已经出生的事实。

我们只能决定我们出生之后的事情。比如，你不想生孩子，那么你可以不生孩子。还有，我们可以决定我们出生之后的每一天怎么生活。

这么看来，我们要让自己不出生是不可能的。如果我们对出生后的自己不满意，或者我们活得很不快乐，那该怎么办？对于这个问题，或许换个角度看“出生”的意义，我们便能找到不错的解答。

《周处除三害》这个故事，有的小朋友也许听过。这个故事讲的是晋人周处改过自新的事迹。

周处年轻时，为人凶暴强悍，任性使气，被同乡的人认为是一大祸害。另外，周处家乡义兴的河中有条蛟龙，山上有只白额虎。它们时常出没周边乡村，侵害百姓。

因此，义兴的百姓称周处、蛟龙和白额虎为“义兴三害”。而这“三害”当中，周处危害最大。

有人劝周处去杀死猛虎和蛟龙，实际上是希望“三害”互相残杀，能少一个是一个。周处就上山杀死了老虎，然后又下河斩杀蛟龙。

蛟龙在水里有时浮起、有时沉没。周处与蛟龙一起漂游了几十里远。一连三天三夜，周处都没有回来。

义兴百姓都认为周处已经死了，不由得互相庆祝起来。

这边，周处费尽九牛二虎之力，杀死蛟龙，然后回到了家里。

周处回来后，听说乡里人以为自己已死而互相庆贺，才知道自己早已被乡邻视为一大祸害，竟然心生愧疚，有了悔改的心意。

后来，周处大彻大悟，决定把过去经常作恶的那个自己“除掉”，开始读书、修身养性、广施善行。不久，一个旧的恶霸周处“死”了，一个善良有德行的新周处“出生”了。

重新做人，看来也是有可能的。这样看来，我们也可以参与自己的“出生”过程。

笔者又想起一则漫画，漫画里有两个人在讨论人生问题。

一个人愁眉不展地说：“我们总有一天会死，好苦啊！”

另一个人笑着说：“虽然我们终有一天会死，但在那之前，我们可以好好享受每一天。”

我们的生命确实只有一次，我们的出生也是一个无法改变的事实。然而，我们的肉体虽不可改变，但精神却可以重生。就像周处，他通过改正自己的坏习惯，变成了一个对社会有帮助的人，让自己得以“重生”，获得再次“出生”的机会。

既然我们不能让自己〝不出生〞，那我们就选择好好活着吧!

好好活着，让我们一起努力!

TIPS

思维风暴

有人说，肉体只能出生一次，精神却可以不断重生。从哲学的角度看，我们应该如何理解这句话呢?

第11课

人死之后去了哪里

趣“问”哲学

小朋友，你知道自己是从哪里来的吗？你有问过爸爸妈妈这个问题吗？另外，你知道人死后去了哪里吗？

谈到生命的出生与死亡，想必很多小朋友会想起著名童话作家安徒生的一则童话故事——《卖火柴的小女孩》。

一个家境贫穷的小女孩，在新年前一天的夜里，当别人正跟家人、朋友共享跨年晚餐时，冒着大雪，在街上卖火柴。

街头人来人往，却没有人要买小女孩的火柴。

天气越来越冷，小女孩又冷又饿，几乎就要倒在街头。但她不敢回家，她怕卖不掉火柴，挨爸爸的打。

天太冷了，小女孩无奈之下只得擦燃一根火柴来取暖。火柴的微光终于给了小女孩一点儿温暖。她瑟瑟发抖地说："好温暖啊！感觉没那么冷了。"可是火柴很短，一根火柴一下就烧完了。

小女孩只好再掏出一根火柴，并将其擦燃。

这时，神奇的事情发生了。在火光中，小女孩仿佛看见了一只烤鹅。小女孩口水都要流下来了。但当火光熄灭，烤鹅不见了。

小女孩再次擦燃一根火柴。在火光中，她看见了自己梦寐以求的圣诞树……当火柴熄灭，一切又都消失了。

忽然，天上划过一颗流星。小女孩想起去世的奶奶曾经说过的话："每当天上划过一颗流星，就表示地上有个人要死了。"

小女孩又拿出一根火柴。火光中，她看见了已经去世的奶奶。奶奶曾是对小女孩最好的人，小女孩很想念她。小女孩欣喜地抱住奶奶，不肯松手，就怕火光消失，奶奶会跟着不见踪影。为了把奶奶留住，小女孩甚至擦亮了一大把火柴。

第二天早上，行人发现小女孩倒在街头。小女孩冻死在凄凉的夜里。她的身边什么都没有，只有许多燃烧过的火柴梗。

小朋友，你说小女孩在火光中看见的真的是她的奶奶，还是人们所说的人的灵魂呢？另外，人真的有灵魂吗？

关于灵魂，哲学家基本上有三种态度。

有哲学家认为，人除了有身体，还有灵魂。比如，古希腊哲学家柏拉图认为，人死了之后，人的灵魂会去一个叫作理型世界的世界。还有一种说法是，人死后，灵魂会根据人在世时的所作所为，选择去天堂还是地狱。

有哲学家认为灵魂不存在。如美国耶鲁大学的雪莱·卡根教授，他就认为灵魂并不存在。这些哲学家认为，灵魂不过是人想象中的产物，源于生者对于死者的一种情感寄托。他们认为，人无法用科学手段证明灵魂的存在，死亡就是彻底地从地球上消失。

还有哲学家认为，人死后会去哪里，人死后有没有灵魂存在，目前都没有科学结论，所以他们保持沉默，不做判断。

小朋友，你认为灵魂存在吗？另外，灵魂存在或者不存在有那么重要吗？

生活中，你可能问过父母："人死之后去了哪里？"很多父母可能会说，人死之后会去天上，会到一个很美丽的地方继续生活。那人死之后还会不会回来看我们？这样的疑问，其实反映的是我们对死者的追思。

有时，我们在梦中好像能看到逝去的先人，就像卖火柴的小女孩看到了她的奶奶一样。从这个角度看，灵魂到底存不存在好像并不是特别重要，重要的是我们的内心永远葆有一份关于逝者的记忆。这样，逝者将永远活在我们心里。

这和人为什么要有信仰是一个道理。有些事情，我们不知道它们将如何发展，却希望它们有个美好的结果，因此我们会给予一个美好的假设。

如果我们相信灵魂存在，相信有个比人间更美好的天堂，相信人死后会去天堂——那里没有病痛，那么对于死亡，我们便不再那么恐惧。

这么听起来，有些信仰更像一个虚幻的存在，而不是科学的、当下的存在，我们只能选择相信或者不相信。对于没有定论的事情，任何人都能提出自己的见解和看法。而信仰存在的意义，就在于我们既然无法探究死后的世界，我们至少可以好好活着！

TIPS

思维风暴

生老病死确实是一个沉重的话题。小朋友，如果让你给大家上一堂有关生命教育的课，你会讲些什么呢？

第12课

“报应”一说是怎么回事

趣“问”哲学

有一次，笔者在医院遇到一位看护。这位看护做事情很认真，不管是帮病人擦拭身体，还是照顾病人大小便，都十分细心。笔者看了很感动，便跟这位看护攀谈起来，想知道他工作为什么那么认真。看护淡淡地说：“我是在消业障。”

因果问题是哲学家最为热衷的哲学问题之一。一般我们都相信，凡事有因必有果。就像一道炒好的菜，背后必定有炒菜之人，以及各种材料。再如，一个球之所以会在地上滚来滚去，肯定是有人推了它。

因果关系之规律，便是因果律。有些人将因果律和宗教思想相结合，便有了“报应”一说。报应的内涵，简单说就是善有善报，恶有恶报。也即，一件事必然会产生一个结果。做好事的人会得到好的回报，做坏事的人也必将得到坏的回报。

在民间信仰中，有两个概念跟报应有关，那就是所谓的“阴德”和“业障”。我们可以从效益论的角度来理解它们的意义。每个人生来都有两个银行户头，一个叫阴德，一个叫业障。阴德记录着我们的财富，业障记录着我们的负债。当我们做了好事，就等于在往阴德这个户头里存钱；当我们做了坏事，就等于在往业障这个户头里添加新的债务。

相信“报应因果说”的人认为，当我们活着的时候，我们做了好事可能没有得到奖赏，或者做了坏事可能并没有得到应有的惩罚，但等我们死了之后，一切因果终会明了。当我们的“负债”多于“存款”，我们可能就会下“地狱”，接受应有的惩罚，这就是“报应”。

说到这里，小朋友，你相信“报应”一说吗?

如果真有报应这回事，人有没有可能逃脱报应呢？我们来看一个小故事。

传说，有一位书生，他的死期快到了。

某天，来自阴间的鬼差准备把他抓走。鬼差在来的路上，到一个酒家喝酒，不想醉倒在了桌上。

书生刚好在这个酒家，看见醉倒在桌上的人掉了一个小册子在地上，捡起来一瞧，竟然是记录生死的《生死簿》。书生在里面看见了自己的名字，吓得直打哆嗦。他冷静下来后，拿笔把自己的名字改了一下，化“十”为“田”。

鬼差酒醒后，准备去抓书生，结果按照《生死簿》的记录，怎么找也找不到这个人，只好空手回了阴间。

于是，这个书生逃过一劫。他一年又一年地活下去，一直活了好几百岁，经历了无数次生离死别。

到最后，书生老得几乎动弹不得，才主动去阎王殿，跟阎王报告了当年亲手涂改《生死簿》的往事，这才重新得到了死亡的机会。

相反地，如果我们不承认有报应这回事，是不是报应就真的不存在呢？依照我们的理性能力，我们可以想象报应的存在，可以理解因果律。毕竟〝万事有因才有果〞这是事实，尽管我们无法证实报应是否真的存在。

也就是说，从哲学上讲，我们虽然不能证实报应是否真的存在，但我们可以肯定因果关系的存在。

什么是因果关系？因果关系跟〝报应说〞有什么不一样呢？

有句话是这样讲的：〝积善之家，必有余庆；积恶之家，必有余殃。〞这句话的意思是说，一个家族如果能持续做善事，一定会有多到享用不完的福德；相反地，一个家族如果不懂得行善，只是作恶，则会有无尽的祸患，甚至会殃及后代。

这句话是在告诉我们，我们做的每一件事，都会留下痕迹；这个痕迹会一点一点地累积，终有一天会对我们造成莫大的影响。比如，当我们遭受灾祸时，我们若回头检讨自己的言行，也许会很惊讶地发现，这一切仅仅是因为我们曾经做了一件小小的恶事。

譬如，近百年来，人类大力发展生产力，不注意保护环境，致使臭氧层遭到严重破坏，导致全球平均温度逐年升高，继而发生各种环境问题，影响人类可持续发展。人类长期以来污染环境导致的各种环境问题，也许需要上百年的时间才能修复。也许制造污染的人本身没有受到太大影响，但他们的子子孙孙，甚至全人类都将受到影响。

简单说，从因果关系的角度看，我们做了坏事，“可能”会引发坏的结果；而从报应的角度讲，当我们做了坏事，我们“一定”会受到惩罚。

“报应”一说，科学无法证实，但因果关系却切切实实存在。

TIPS

思维风暴

如果大家都抱着侥幸心理做危害大自然、危害社会的事情，这个世界会变成什么样呢？

第13课

上天堂、下地狱，谁决定

趣“问”哲学

小朋友，每年的寒暑假，或是每个周末，如果有出游计划，你们家都是怎么决定去哪里玩的呢？是爸爸决定呢？还是妈妈决定呢？或是由你决定？也有可能你们是通过投票来决定的，对吗？

这世界上有些事情我们自己可以做决定，有些事情我们决定不了。"我们能不能做决定"这件事，牵涉一个哲学问题，叫作"自由意志"。

意志，可以说就是做决定的能力。自由，可以说就是做决定的限度。

小朋友，你认为自由意志是有限的，还是无限的呢？

有些人认为自由是无限的，所以人做决定时，选项也是无限的。比如，如果让我们决定晚餐吃什么，我们可以在网络上搜各种餐厅，搜各种菜色，直到找到我们想吃的饭菜。

有些人认为自由是有限的，所以人做决定时，选项也是有限的。比如，我们可以想象自己有一双翅膀，通过这双翅膀可以在天空飞行。但实际上，我们没有翅膀，所以如果我们想要在天空飞，就只能借助有限的飞行工具，比如飞机。

回到本文开头的问题，我们可能会发现，所谓自由意志往往是有限的，是相对的。比如，爸爸妈妈问你寒假想去哪里玩，你说想去迪士尼。这时爸爸可能会说："迪士尼人太多，我们去个人少的地方吧！"你的提议被拒绝。于是，你想了想，又说："要不然我们去加拿大看北极熊吧！"这时，妈妈可能会说："太远了！选个近点儿的地方吧！"这时，你可能会发现，虽然爸爸妈妈在询问你的看法，但你能选择的选项是有限的，你的决定要经过他们的认可才算数。

通过这样的描述，我们可以明白这两件事：

第一件事，自由是有限的；

第二件事，自由的限度取决于我们能力的大小。

为什么我们寒假去哪里玩，最终做决定的权力在爸爸妈妈手上呢？因为出去玩需要钱，而每家的钱一般都是由爸爸妈妈掌控的。

有个生物学家叫达尔文，他曾提出"物竞天择"的自然法则。这个法则的意思其实就是，这个世界上的生物能否活下去，取决于其能力大小。

比如，羚羊跑得慢，就会被跑得快的猎豹吃掉。这很残酷，却道出了自由意志的本质。

小朋友，即使现在有很多事情你决定不了，你也不用太难过。毕竟，每个人具备的能力并不是永远不变的。等你长大，有充分的时间和体力，有能力办更多的事，你便可以在更大范围内发挥你的自由意志了。

我们已经知道，既然自由意志跟能力有关。那么，假设真有天堂跟地狱，人死后也有灵魂，谁来决定灵魂该去哪儿呢？

很显然，能够决定灵魂去哪里的，肯定是个能力比灵魂强大的存在。而这个存在肯定不是我们人类自身，因为人没有办法决定自己的灵魂最终去向哪里。那么，这个存在是什么呢？对于这个存在是什么，不同文化有不同的说法。

无论那个比灵魂更强大的存在是什么，有一个事实我们必须承认，那就是这个世界上存在比人更强大的存在。对于这些存在，我们应该保持敬畏。

古希腊哲学家苏格拉底曾说，一个能够承认自己无知，在不知道的时候不会为了面子假装自己知道的人，才是真正有知识的人。

孔子也曾说，他不谈论关于"怪力乱神"的事情，因为这些事情超出了他的认知范围。是的！与其随便乱说，不如三缄其口。

长期以来，人类碰到无法理解或者难以解释的事情，会编造各种故事，予以解释。我们编造故事，不是为了说谎，而是以此来满足我们情感上的需要。

哲学家尼采认为，上帝需要存在，天堂和地狱也需要存在，这样人才有盼头。当我们看见某些人做了很多坏事，却没有受到惩罚，我们可能会因此感觉“太不公平了”。如果我们相信有一个公正的上帝以及惩罚坏人的地狱，至少我们内心会感到一点儿安慰。我们将深信不疑，坏人也许暂时不会受到惩罚，但终究会受到惩罚的。

同样地，有时我们看见有人做了好事却没有得到好报，但我们深信，做了好事的人终究会得到好报。

TIPS

思维风暴

小朋友，假如有人做了好事却没有得到好报，那我们做好事还有意义吗？请思考一下！

第14课

为什么要有丧礼

趣“问”哲学

小朋友，你参加过丧礼吗？你是如何看待丧礼的呢？

丧礼一般指的是活着的人为死去的人操办的入葬仪式。不同的文化里面，丧礼的意义各有不同。有的是为表达敬意和哀悼。有的则是为和死去的人的灵魂沟通。奇怪的是，有的丧礼充满欢笑，因为在某些文化里面，死亡象征着一个人终于可以脱离肉体上的痛苦，获得灵魂上的自由。

可以说，不同地方的丧礼文化背后，隐含着人们对死亡的不同看法。另外，不同的人对丧礼也有不同的看法。

我国先秦时代的两位哲人——孔子和庄子，他们对丧礼的看法就有很大的不同。

孔子很注重丧礼，他认为生死都是大事，办好丧礼不但是对死者的尊重，也体现着人们对于礼仪的重视。比如，他认为老人过世后，后代若能把丧礼办好，便能看出孩子的一片孝心。但孔子的意思，并不是丧礼一定要办得非常盛大，要花很多钱。据《礼记》一书记载，孔子认为丧礼规模的大小，要看办丧礼的人的经济能力，但即使这样也不能太过奢华，好像要跟别人比赛似的。

有一次，孔子的学生子路要给父母办丧事，但他很遗憾地说，他太穷了，连买副好棺材的钱都没有。

孔子安慰他："啜菽饮水，尽其欢，斯之谓孝。敛手足形，还葬而无椁，称其财，斯之谓礼。"可见，奉养父母不需要每天大鱼大肉；就算吃得很简单，只要父母内心欢喜就好。此外，父母活着的时候不尽孝，父母死后丧礼办得再隆重也毫无意义。由此，我们可知，孔子虽十分看重外在的礼节，但他更在意一个人内心是否真诚。

庄子对死亡的看法是，人死了并不意味着生命的结束，而是回归了原本的样子。他认为，人的生死就像四季变化，只是大自然运转的一部分；死亡只是意味着一个人回到了他的来处，所以我们不用太悲伤，自然也不用太计较那些世俗的礼仪。庄子的妻子过世后，当其他人都来吊唁时，庄子却在旁边一边敲打瓦盆，一边唱歌。

惠子看了很不高兴，便阻止庄子唱歌，并问他："你妻子死了，你不伤心吗？"

庄子回答："我本来很伤心，但我后来想到这是自然变化的一部分，我就不那么伤心了。"

小朋友，你觉得孔子说得对呢，还是庄子说的比较有道理呢？

也许，他们两个人说的都有道理。当然，我们也可以有我们自己的看法。

小朋友，你是怎么看待和逝者告别的形式的呢？

与逝者的告别方式体现着我们对于死亡的看法。比如，在庄子看来，人的肉身注定是会消灭的，但人的精气将永存，所以采用什么样的方式去对待逝者的肉身，本质上没有太大的区别。庄子是站在一个很高的境界看待人的生死的。

确实，如庄子所说，生死很平常，每天都有人出生，每天也都有人死亡。然而，孔子为什么那么注重丧礼呢？"事死如事生"这句话可以很好地帮我们解释这个疑问。儒家认为，人死后，肉身虽然消亡了，但灵魂却会去到另外一个世界继续生活。

这不就是我们所说的迷信吗？也不见得！孔子曾说："之死而致死之，不仁而不可为也。之死而致生之，不智而不可为也。"意思是说，如果我们认为人死了就什么也没有了，这太不仁义了；而如果一个人死了，我们还要像对待活人一样对待他，这又太不理智了。

然而，孔子不像庄子，他基本不谈人死后的世界，因为对于难以证明的事情，孔子以为不该随便评论。

总之，丧礼的本质是对死者表达追思与敬意。并且，我们的这份敬意并不是因为人死了才生发出来的，而是要把人活着时对他们的敬意延续到其死后。

TIPS

思维风暴

我们常听人说要“敬畏生命”。那么，从哲学的角度看，我们应如何理解“敬畏生命”这四个字呢？

第15课

人可以不变老吗

趣"问"哲学

小朋友，你想过自己老了以后将会是什么样子吗？你害怕变老吗？你担心爸爸妈妈变老吗？

古希腊神话中有个故事我很喜欢。

在通往忒拜城的必经之路的悬崖上，有一个名叫斯芬克斯的神兽。斯芬克斯经常拦住经过的旅人，问他们这样的问题："什么动物早晨用四条腿走路，中午用两条腿走路，晚上用三条腿走路？"斯芬克斯声称，回答不上来的人都会被它吃掉。所以来往旅人都很害怕遇见斯芬克斯。直到有一天，勇士俄狄浦斯经过这里时，一下说出了斯芬克斯期待的正确答案——"人"。

小朋友，为什么斯芬克斯的问题的答案是人呢？

给你一个小提示吧！你想象一下，你在小区里遇到的爷爷奶奶，他们走路的样子跟你有什么不一样呢？另外，还不会走路的小宝宝，他们又是怎么移动身体的呢？说到这，你是不是明白了呢？

在斯芬克斯的提问中，所谓的用四条腿走路的指的是还无法用双腿行走的小宝宝。还无法用双腿行走的小宝宝想要移动身体，只能用双手和双腿在地上爬。人长大以后，能够用双腿行走。但人到了老年，腿使不上劲儿了，为了行走方便，就得拄一根拐杖，是不是就像多了一条腿似的？

人会长大，也会衰老，这是自然定律。

乍看之下，“人一定会老吗？”还好像是个相当愚蠢的问题。但如果我们换个角度看一下，我们会发现这个问题其实没那么简单。

“人一定会老吗？”我们可以从两个角度来看这个问题。

从生理的角度，有些人喜爱运动，很注重睡眠，也很注重保养，明明六十岁，看起来却像三十岁。也有些人，明明还不到三十岁，却因为经常熬夜、饮食不规律，再加上不喜欢运动，看起来就像一位年迈的老者。

从心理的角度怎么看这个问题呢？举例来说，你和你们班上的同学年纪都差不多，可是有的人思考问题比较缜密，就像柯南一样；有的人思考问题却过于简单。

同样地，有些老人即使一把年纪，却有一颗年轻的心，敢于尝试各种新鲜事物；有些人明明年纪很轻，却有一颗老灵魂，做什么事都缩手缩脚。

这么说来，所谓的“变老”虽是我们的人生之路必经的一个过程。但我们可以通过养护身体、充实心灵的方式，使老化的速度减缓。

不过，新的问题好像又出现了，为什么我们会怕老呢？

我们在各种媒体上经常能看到一些面向女性的化妆品广告，广告的内容好像在告诉女士们："你们如果不用我们的化妆品，你们就会老得特别快。你们老了就不漂亮了！"

这就好像在告诉我们，世界上只有一种美，就是年轻。

实际上，真是如此吗？

我们回想一下，在本文的开头，在斯芬克斯的谜语里，用早晨比喻一个人的婴儿期，用中午比喻一个人的青年及中年期，用夜晚比喻一个人的老年期。

其实，我们的一生，也可以分成四季，童年就像春天，少年和青年就像夏天，中年就像秋天，而老年就像冬天。

小朋友，现在请你试着回想一下，早、中、晚，或是春、夏、秋、冬，是不是各有特色呢？你能否说出一些曾经在早晨见过的美好事物吗？你是否还记得第一次看见雪时的兴奋？你是否还记得某个夏天在海边玩水时的快乐呢？……

人一定会变老，但变老并不见得是一件坏事。老年就像夜晚，又像冬季，有属于老年的美好。

孔子认为，人在不同年纪有不同的人生境界。许多事情我们经历了才能了解，了解了才能想得开。因此孔子说，人到了七十岁就能“从心所欲不逾矩”。也就是说，一个人到了七十岁，对生活中的大事小情都能看得很透彻，不管什么事，不用怎么想就能自然而然地做好。

总而言之，没有人不会老，但老并不可怕。只要我们拥有健康的生活方式，永远保持对新事物的好奇心，有持续的学习热情，就一定能幸福快乐地生活。

TIPS

思维风暴

如果一个人永远都不会变老，但他身边的人都变老了。对这个人来讲，这是好事还是坏事呢？

第16课

人可以独自一个人活着吗

趣"问"哲学

小朋友，你有过迷路的经验吗？你还记得你迷路时的感觉吗？你一个人孤零零的，身边一个熟悉的人都没有，你害怕吗？或者，你并不害怕，反而觉得一个人很好？

大家都看过《哆啦A梦》吧？其中一集讲了这样一个故事：

一天，大雄和往常一样，被胖虎欺负，被小夫嘲笑。

大雄回到家时，大雄爸爸正在忙着擦他的高尔夫球杆，大雄妈妈也完全不管大雄是否在外面受了欺负，而是一如往常地训斥他读书不够认真，成天只知道玩。

大雄觉得这样的日子实在太没意思了，同时他想到自己既不像胖虎那么强壮，也不像小夫一样是富家子弟，又想到常有人欺负自己，于是便跑去向哆啦A梦哭诉。

哆啦A梦拿出一个道具，叫作“独裁者按钮”。通过这个按钮，大雄可以让自己不喜欢的人，瞬间从地球上消失。

大雄刚拿到“独裁者按钮”时还有点儿怀疑，不知道这个东西到底有没有用。他刚出门，看到胖虎正好追过来，像是要打他。他赶紧按下按钮，胖虎果真消失了。

接着，大雄又遇到了小夫。大雄再次按下按钮，小夫也消失了。当然，还是有人让他不开心。于是，大雄生气地喊道：“都给我消失吧！”同时，他按下了按钮。结果，除了他自己，所有人都消失了。

刚开始，大雄觉得很开心，感觉全世界都是自己的了。但没过多久，大雄就后悔了，他开始想念爸爸妈妈，想念自己的好朋友，想念哆啦A梦，想念有人陪伴自己的时光。

当大雄因为后悔而难过不已时，哆啦A梦等人悄悄地出现在他身边安慰他。原来“独裁者按钮”并不是一个专门用来让人消失的工具，而是一个可以帮助人了解“独自一人活着有多寂寞和孤单”的法宝。

小朋友，请思考一下，如果我们想要完全独自一个人生活，需要哪些条件呢？

英国哲学家培根认为，我们要学着适应孤独，更要耐得住孤独，因为孤独可以让人有足够的空间和时间思考哲学问题。但这并不意味着人能完全独自一人活着。

否则的话，我们的食物从哪里来？我们自己种植？谁来帮我们打扫卫生？我们得自己负责家里的卫生工作，扫地、拖地、洗衣、晒被子之类的活儿都得我们自己干！当冬天来临，谁又来帮我们取暖？我们得自己去捡拾煤炭，上山砍柴。

试想一下，如果培根把他的时间都用在这些事情上，他又有多少时间来思考哲学问题呢？有小朋友可能会说："那是在过去，如果培根生活在现在，现代社会科技这么发达，也许培根就能完全解放双手，全身心投入哲学沉思之中。"

说到这里，我们不妨趁这个机会回想一下：当你想要一个人待着的时候，通常是出于什么原因呢？

有时，我们想跟大雄一样一个人待着，并不是我们觉得自己想一个人生活，而是因为我们由于某些缘故跟某些人闹了不愉快，于是想要和那些人保持一点儿距离。

我们确实有一个人独处的权利，但拥有这项权利，并不等于我们能完全一个人生活。偶尔，我们需要一个人静一静，但这不应该是常态，也不会是常态。

另一方面，人除了对物质有需要，还有其他需要，比如精神需求，无法完全通过自身满足自己。

心理学家马斯洛认为，人有生理需要、安全需要、爱与归属的需要、尊重的需要和自我实现的需要等五层需要。这其中的每一层需要对我们都至关重要。少了任何一层需要，我们都无法快乐生活。

要满足生理需要，需要有人给我们提供食物，需要有人帮我们生产食物。

出于安全的需要，我们需要警察和军人保护我们。

爱与归属的需要，使得我们想跟我们喜欢的人亲近，渴望爱与被爱。

我们也希望得到别人的尊重，尤其希望爸爸妈妈和我们看重的人能尊重我们。

并且，我们都有梦想，并希望有一天能够实现梦想。而在实现梦想的过程中，我们需要好的老师的引导和帮助。

以上这些都需要有人来帮我们实现。可见，人真的无法完全一个人生活在这个世界上。

TIPS

思维风暴

如果你也有一个“独裁者按钮”，你会怎么做呢？为什么？

第17课

人可以不死吗

趣“问”哲学

当有亲人离世，我们会十分悲伤，我们会生出这样的疑问：“人可以不死吗？”人若能长生不老，这个世界又将怎样呢？

小朋友，就在几天前，笔者去参加了一个好朋友的葬礼。葬礼上，好朋友的亲友哭得很伤心。葬礼结束，大家纷纷彼此安慰。有人感叹说：“要是人不会死就好了。”

小朋友，你有想过这个问题吗？如果真有一天，地球上的人都能一直活下去，地球将会变成什么样子呢？

人类的居住环境越来越好，生活条件在不断提高，再加上现代医学越来越发达，所以人类的寿命在不断增加。

19世纪初，人类的平均寿命还不到40岁。而据联合国相关机构统计，半个世纪以前，人类的平均寿命是52.5岁。现在，包括我国在内的好多国家，平均寿命已经达到70岁甚至70岁以上。

有科学家预言，等人类对癌症、阿尔茨海默病等疾病有更加有效的治疗方法，百岁老人将随处可见。

如此这般，也许在不久的将来，葬礼是不是将会变成一种非常稀有的仪式了呢？人类未来也许真的可以找到控制寿命的方法，不断推迟死亡的到来。

那么，小朋友，你有没有想过，如果所有人都能活一百多岁，甚至几百岁，这对人类来说是好事还是坏事呢？

我们来看一个关于寿命的故事，这个故事叫作《浦岛太郎》。

传说，有个叫作浦岛太郎的渔夫，有一次在海边看见一群孩子在欺负一只海龟，他看不过去，便把那群孩子都赶走，救下了海龟。

海龟为了报恩，就背着浦岛太郎潜入海底，进入了龙宫。

在龙宫，浦岛太郎受到龙宫公主乙姬的热情款待。从那以后，浦岛太郎在龙宫过上了无忧无虑的生活，每天有大餐可以吃，出入也有侍从照应。

过了几天，浦岛太郎想念家里的妈妈，就对乙姬说："谢谢公主的招待，我想回家看我的妈妈。"

乙姬虽然舍不得浦岛太郎，但非常理解他想要回家的心情。于是，乙姬便送浦岛太郎回到了陆地上，并送给他一只精致的箱子。乙姬嘱咐浦岛太郎，无论如何都不要打开那个箱子。浦岛太郎答应了乙姬，乙姬才回到海里。

浦岛太郎回到家，发现妈妈早就过世了，他生活的村子也变得跟以前不一样了。他忙问村里的人这是怎么回事。这时，他才发现龙宫的时间跟陆地上的时间不一样。龙宫几日，人间几年。对浦岛太郎来说，他在龙宫只过了几天，但陆地上已经过去了好多年。

浦岛太郎十分惊慌，不顾和乙姬的约定，打开了那个箱子。

顿时，浦岛太郎变成了一个白发苍苍、满脸皱纹的老人。

浦岛太郎后悔莫及。

如果这世上的人都能长生不老，这世界将会变成什么样子呢？请设想一下吧！

如果人人都不会死，地球上的人会越来越多，地球每个角落都将挤满人。假如地球上到处都是人，那么其他动物生存的空间会不会受影响呢？人多了那么多，人类的粮食储备够吗？……

不同的哲学家，对于活着有不同的观点。比如，德国哲学家海德格尔认为死亡是每个人都要面对的挑战，所以我们在活着的时候，要尽可能活得有意义，在有限的生命里，活出真正的自我和精彩的人生。

无论我们如何理解死亡，我们必须接受的一点是，生命是有限的。我们必须认认真真、脚踏实地地过好当下的每一刻。

TIPS

思维风暴

都说要“敬畏生命”，怎样活着才是对生命最大的敬畏呢？

第18课

为什么有些动物会灭绝

趣"问"哲学

台湾云豹、原牛、黑鳍白鲑、加勒比僧海豹、卡罗来纳长尾小鹦鹉、里海虎、渡渡鸟、海滨灰雀、袋狼、图拉克袋鼠……小朋友，这十多种动物，你有听过吗？

好吧！这十几种动物当中的某种或某几种，你也许感觉很熟悉，甚至感觉是不是在动物园里见过，但这恐怕只是你的一种错觉。前面提到的这十几种动物，都已经从地球上消失了。它们曾经存在，如今已经灭绝。

动物灭绝，有一种通俗的说法叫绝种。

现在，对于刚刚提到的动物，我们只能通过图片、影像或文字资料认识它们。尽管它们曾那么美丽，却无法继续繁衍后代，在地球上生活。这真是令人悲伤的一件事！

是的！不管它们曾经多么美丽，但是今天我们再也找不到它们的踪迹了。

比如我们在前面提到的台湾云豹，相关动物学家于2013年正式宣布台湾云豹已经灭绝。台湾云豹为什么会消失呢？是有更凶猛的野兽夺走了它们的生命，还是它们经历了天灾，或是和许多生物一样是因为人类种种破坏自然环境甚至捕杀的行为而灭绝的呢？

我们在关心台湾云豹的生死时，其实就是在关注一个近代哲学家都很关注的议题："我们知道，人有人权，那动物有动物权吗？如果动物也应该有权利，那么它们最想拥有的权利是什么呢？”

小朋友，你认为动物有生存权吗？

我们来看一个小故事。

据说，佛陀在成佛之前，不断地转世，每一世都在人间修行。某一世，他是一个国家的国王。国王很慈悲，无论是跟他一样的贵族，还是平民百姓，他都一视同仁。当国家发生自然灾害，百姓缺乏食物，国王会毫不犹豫地把王宫中储藏的粮食分给大家。因为有爱心，国王将国家治理得很好。然而，这一世的国王虽然做了很多好事，却还是无法成佛。

某天，国王在花园里看见一只老鹰嘴里叼着一只鸽子，动了恻隐之心，于是恳求老鹰把鸽子放了。

老鹰对国王说：“我是老鹰。老鹰会捕猎鸽子来吃，这是鹰的本性。如果我不吃鸽子，我也得吃其他动物的肉，不然我怎么活下去？”

国王想了想，跟老鹰说：“要不这样吧！我叫人拿杆秤来。我用跟这只鸽子同等分量的肉来跟你交换。”

老鹰听了国王的建议，勉强答应了他的要求。

于是，国王叫人拿切好的肉放在秤的一端，秤的另一端放着从老鹰口中死里逃生的鸽子。令人意想不到的是，放肉的那一端无论放多少肉，秤都会向放鸽子的这一端倾斜。

国王很纳闷，一时不知道如何应对。老鹰这时说话了："这些肉都是从死掉的动物身上割下来的，而这只鸽子可是只活鸽子，所以你只能用其他活生生的动物来交换。"

国王不愿意用其他活着的动物来交换。

实在没办法了，国王心一横，拿出一把匕首，从自己身上割下一块肉放在了秤上。但任凭国王割多少肉，秤还是无法平衡。国王不停地从自己身上割肉，浑身上下血流不止。直到国王整个人都倒在秤上，秤才平衡了。

佛教中有句话说："众生平等。"这个故事就是要告诉我们，生命是平等的。鸽子的命与国王的命一样重。国王想要救下鸽子，必须牺牲自己，否则那杆秤永远不会平衡。

小朋友，你认为人和动物有平等的权利吗？我们又应该如何保护动物的生存权利呢？

英国哲学家杰里米·边沁认为，动物尽管没有人的理性和智力，但人有义务去保障动物的基本权利。边沁认为，生命的尊贵与否不该由生物的外在条件来决定，比如，用两条腿走路的动物未必就比用四条腿走路的动物高贵；长得漂亮的动物未必就比长得丑陋的动物值得更多的关爱。

此外，边沁认为，生命的尊贵与否也不应该由生物的理性能力来决定。边沁举例说，成年的狗、马比人类的小婴儿更聪明，但我们并不会因此认为小婴儿的人权比成年人少，或是比动物卑贱。

边沁说，我们在考虑动物权利的时候，不应该问："动物有理性能力吗？""动物有语言能力吗？"我们更应该考虑的是："动物是否会因为我们对它的虐待和杀戮而难过？"

台湾云豹的灭绝，根据动物学家的研究，和人类破坏自然环境的行为以及对台湾云豹的捕杀行为不无关系。

台湾云豹原本生长在平地。随着人类的大量繁衍，更适合动物生存的平地都被人类霸占了，台湾云豹只好往山地迁徙。当人越来越多，人也开始不断在山地寻找更适合生存的环境。在这种情况下，台湾云豹只得往更高的地方去。然而，海拔越高，台湾云豹能捕猎的动物越少。再加上人类的捕猎，台湾云豹终于灭绝。

换个角度看，台湾云豹和其他动物的灭绝，实际上是给了人类一个对生命进行反思的机会。希望我们反思的时间不要太久，毕竟有很多动物正在走向灭绝。我们能等，它们不能。

TIPS

思维风暴

小朋友，你知道还有哪些动物已经灭绝了吗？为了防止有更多动物灭绝，我们应该做些什么努力呢？

第19课

什么是爱

趣“问”哲学

有些东西，虽然我们看不见，但它却实实在在存在。小朋友，你怎么看这句话呢？

有些东西，我们用眼睛看不到，可能是因为我们的能力不够。这时，我们若通过其他方式，弥补能力上的不足，也许就能看到了。比如，高高的衣柜上面放了一只小箱子，我们身高不够高，所以看不到。但是如果我们找一把梯子爬上去，我们就能看到衣柜上的小箱子了。

有些东西，我们用眼睛看不见，可能是因为这些东西无法用肉眼看见。我们只能通过其他感官感知这些东西的存在。比如，对于歌声，我们只能用耳朵听，用眼睛是看不见的。

有些东西，没有任何外在形态，无声、无影，我们无从感知其任何形态。比如，当我们思考一个抽象概念时，我们无法用视觉、听觉、触觉等感知其存在。比如一个完美的圆，这只能是一个概念，只能存在于我们的脑海。现实生活中，我们不可能看见完美的圆。

此外，还有一种我们只能用内心去认识的东西，那就是我们内在的感受。比如"难过"，我们可以说有一个人很难过，这个人可能也有一些表示他很难过的表情、动作，但我们能说这个难过的人就是难过本身吗？显然不能！

小朋友，有一种经常被我们提及的内在感受，对我们非常重要！这种感受就是“爱”。

你曾经感受过爱吗？小朋友，你说说，爱是什么呢？

要了解爱是什么，我们有必要先了解一下“感受”和“知识”的差异。

古往今来，无数文学家、哲学家、音乐家、画家等，对于“爱”都有自己的描述。甚至你和我，以及我们身边的所有平常人，也都对爱有自己的独特描述。

知识往往具有可定义性，也就是说我们能对知识的内容给予清楚的定义。比如，数学上关于三角形的定义，“三条线段顺次首尾相连，或不共线的三点两两连接，所组成的一个闭合的平面图形，是最基本的和边最少的多边形。而三角形的内角和等于180度”。

或者，我们谈到动物时，不同种类的动物也是有明确的定义的。比如，什么是暹罗猫？动物学上就有明确的定义，如肉眼可见的外形特征、明确的基因测定等。

但是，有些事情无法给予定义，只能给予描述。比如爱，我们并不能给予一个明确的定义，只能通过相关的描述来表达它是什么样的。为什么呢？这是因为爱与被爱都只是感受。我们无法像拍照那样把感受拍下来。

与知识不同，这就是感受的特性。我们只能通过描述，尽可能准确地把我们的感受表达出来。

那么描述感受的方式有哪些呢？我们常用的方法叫作"类比法"。

有时，我们要表达的对象，因为没办法直接拿出来给别人看，只能通过类似的东西加以比喻性的描述，好让别人通过喻体的特征去推理和想象——以此来了解我们所要表达的内容。这就是类比。

简单说，就是用"某某像什么"的方式来表达一个我们想表达的概念。

比如，某天你肚子很疼，爸爸妈妈带你去看医生。医生问你哪里疼，你能用手指出相应的位置。接着，医生问："怎么个疼法？"你可能不知道怎么描述。这时，医生可能会问："是像被针扎到，刺刺的疼？还是像有块大石头压在上面，闷闷的疼？"这时，医生就是在用类比法，试着了解你感受到的疼，以此诊断你的肚子出了什么毛病。

同样地，我们可以用类比法来表达“爱”。

诗人徐志摩曾说：“爱情像白天里的星星。”我们知道，白天看不见星星。我们之所以在白天看不见星星，是因为太阳光太强，掩盖了星星的微光。徐志摩用这样的比喻是想说明，爱虽然看不见，但却真实存在。

有时，我们也可用故事来类比。

柏拉图曾讲过这样一个故事：

远古时代，每个人其实都有两张脸、四只手和四条腿。后来，人想要取代宙斯成为宇宙的主宰。于是，宙斯就惩罚人类，把人分成了两半。自此以后，每个人来到这世界上，就会自然而然地去寻找失落的那另一半自己。这就是人为什么要和别人相爱的原因。

小朋友，对你来说，你会怎样表述“爱”呢？请思考一下吧！

通过关于爱的论述，不难发现，我们不可能给“爱”一个精准的定义。我们只能通过各种描述，去描述我们内心对爱的认识。

其实，还有许多只能被我们思考和感受的概念。这些概念和爱一样，我们无法给予定义。比如，希望是什么，痛苦是什么，自由是什么，讨厌是什么，等等。

进一步说，对于“爱是什么”，每个人都可以有自己的描述，也可以有自己的定义。所以你可以多多发挥自己的观察力、想象力和表达力，用类比法来描述专属于你的关于爱的理解。

TIPS

思维风暴

小朋友，你是如何理解父母给予你的爱的呢？你会如何描述父母给予你的爱呢？

下篇

如何做一个好人——关于道德

第20课

人真的有良知吗

趣“问”哲学

小朋友，你知道人的眼睛长在哪里吗？来，摸摸你的眼睛。很好！现在摸摸你的鼻子，再摸摸你的嘴巴。对对对，再摸摸你的耳朵。好的，你现在已经知道它们长在哪里了。那么，你知道你的大脑长在哪里吗？对！就是那个位置！好的，那你知道我们的良心长在哪里吗？长在胸口，是吗？

良心，在哲学家看来，是一种内在的能力，并没有长在我们身体的某个位置上。然而，因为"良心"中有个"心"字，加上古代医学不昌明，古人便认为心脏除了输送血液，还有认知、思考的作用，于是就有了"有一个具体的良心长在我们身体里"的说法。

良心，还有另外一个说法，叫作良知。明代哲学家王阳明认为，一个人只要依从自己的良心做事，做出来的事自然就是善事。

良心通常还会跟另外一个概念——良能——连在一起使用。

"良知良能"的说法源自先秦哲学家孟子。孟子说："人之所不学而能者，其良能也；所不虑而知者，其良知也。"意思就是，有些事情我们生下来就会，那就是良能；有些事情我们不用思考，就知道该怎么做，那就是良知。

换句话说，孟子和王阳明，他们都认为人生来就有判断是非善恶的能力，不需要后天特别学习。小朋友，你同意孟子和王阳明的说法吗？

我们会学英语，因为英语不是我们生下来就会的。我们会学游泳，因为我们也不是生下来就会游泳。那么，为什么良心或者说良知、良能，是与生俱来的呢？有这么好的事情，不用学就会？

如果你有这样的疑问，表示你已经有哲学思维了。

其实，对于良心，不同的哲学家有不同的观点。不过，随着医学的发展，过去哲学家的很多假说，得到了某种程度上的科学证明。

事实上，人可能真的生来就有良心喔！

心理学家洁西卡·桑莫维尔想知道人是不是天生就有追求公平的良能。于是，她做了一个有趣的实验。她让40个15个月大的孩子一起观看分配玩具的影片，影片里有一个大人负责把玩具分配给小朋友。结果，平均10个孩子里面，有7个孩子喜欢每个小朋友都公平地分到玩具的影片，不喜欢有人得到不公平待遇的影片。

这似乎说明，人天生就有良心，知道公平是什么。但如果真是这样，为什么还有人要做坏事呢？

让我们继续回到桑莫维尔的实验。除了前面说的实验，她还做了另外一个实验。她和工作人员为那些孩子准备了内容一样的影片，但影片中的孩子有不同的肤色。

结果，当分配不公平的情况发生时，且拿到更多玩具的是和自己的肤色一样的孩子时，观看影片的孩子选择了睁一只眼，闭一只眼。

这说明什么呢？这说明人虽然天生有良心，但这并不表示人是完美的。

人有私心，也有欲望，更有可能拿聪明的脑袋，去做违反良心的事情。

人有良心，却不一定会永远听从良心。那我们该怎么做才能让自己更愿意听从良心，而不是听从私心和欲望呢？

对于这个问题，答案就是持续不断地接受教育。美国哲学家杜威认为，尽管我们天生就有判断是非善恶的能力，但我们还是需要后天的教育，以帮助我们遵从我们的良心。或者像孔子所说，每个人都有成为君子的潜能，但唯有通过不断的学习，我们才知道该怎么成为真正的君子。

有人说，良心就像一面镜子。如果我们不常去擦拭，这面镜子就会蒙上尘埃，越来越脏。

我们偶尔会犯错，做出坏事。有一个很可能的原因，就是我们和良心有关的能力受到了限制，以致我们无法做出正确的判断。

譬如，有时我们没睡好，身体很疲劳，所以产生了坏情绪，继而伤害了别人。

还有一种情况，是我们被灌输了错误的观念。比如，一个孩子看见桌上有玩具，他知道这不是自己的，并不想去拿。但有人蛊惑这个孩子，跟他说“没人看到，拿了也没关系”。于是，这个孩子便放弃了良知，做了坏事。

即便如此，良心依旧存在。即使我们一度犯错，只要我们能痛改前非，重新做人，把蒙在良心之镜上面的灰尘擦去，良心仍会重新绽放善良的光芒。

TIPS

思维风暴

我们听从了良心，却做了坏事，有没有这种可能呢？或者说，我们有没有可能出于好心却办了坏事呢？

第21课

谁有权力审判别人

趣“问”哲学

嘘！小朋友，请小声告诉我，你有没有做过坏事呢？从哲学的角度看，所谓的好跟坏，有时是相对的，有时是绝对的。那么，怎么判断一件事是对还是错呢？另外，你有没有想过，为什么法官就有权力审判别人呢？

埃及有个传说，所有人死后，都要在审判庭接受神的审判。审判庭内有三个神，有一个胡狼头的是死神阿努比斯，他负责操作评判善恶的天平。另外两位是手持真理羽毛的玛特神和记录裁决结果的图特神。

审判的时候，评判善恶的天平一端放着真理羽毛，另一端放着被审判者的心脏。埃及人相信，人一生的善恶都记载在心脏里。

如果真理羽毛的重量比某个人的心脏重，表示这个人生前做了不少善事，那么他将得以永生。

反过来，如果某个人的心脏比真理羽毛重，表示这个人生前作恶多端，那么他将受到惩罚——被怪兽吃掉。

各种文化，都有自己的神话。很多神话都会传达类似这样的观点：

“一个人如果生前做了好事，死后会得到奖赏；一个人如果生前做了坏事，死后必受惩罚。”

我们生活的这个世界，有很多文明，有很多国家。几乎每个国家都有明确的法律法规，目的在于保护好人不受欺负，同时惩罚坏人。

为了公平正义，我们必须惩恶扬善，我们都知道这个道理。但是我们怎么判断一个人做的事是好事还是坏事呢？

另外，我们知道，如果我们做了坏事，要接受法律的制裁。那么，不属于法律管辖的事情，我们又怎么去判断是非对错呢？

有句俗谚是这样讲的："王子犯法，与庶民同罪。"意思是，无论是王子还是平民，都应该遵纪守法。

法律上的公平审判的意义，就是避免因为偏见、证据不足等情况，导致错误判决。

所以谁能审判别人呢？也就是说，谁能做到绝对的公平呢？当然，更重要的是，我们必须确保每个人都有公平地接受审判的机会。

"公平"不仅是一个法律议题，更是一个哲学议题。我们要怎么确保每个人都能在法律面前得到公平的对待呢？

德国哲学家康德认为，道德比法律更重要。人天生有良知，一个有良知的人内心有基本的道德判断。只要我们依照自己的良知做事，就不会做坏事。

进一步说，“道德比法律更重要”这句话是在告诉我们，法律虽是针对人的行为规范，但作用总是有限的。当某些行为没有法律可以依循，我们就只能依循内心的道德感，对其进行道德判断，从而分辨是非善恶。

举个例子。某个班上有人的手机不见了，大家都说是大宝偷的。实际上，根本没有任何证据显示是大宝偷的。只是因为有同学谣传，于是大家都认为是大宝偷的。

你说这些传谣言的同学有审判大宝的权力吗?

从法国哲学家孟德斯鸠的观点看，这些传谣言的同学没有审判大宝的权力，因为他们没有给予大宝一个接受公平审判的机会。这些同学凭借自己的想象和猜测，在没有任何具体证据、没有给大宝辩解机会的情况下，就说是大宝偷的，这显然不符合公平审判的原则的。这不仅不合法，也不合乎道德规范。

孟德斯鸠曾提出这样一个重要的概念：人有人权，任何人——无论肤色、种族、性别、年龄、阶级等是怎样的，都是平等的。

人不像上帝，全知全能，知道一切，所以谁有权力审判别人呢？这就回到了本文的主旨。能够审判别人的人应该具备这样一些特质：能够给被审判者一个公平受审的空间；不能带有偏见；有多少证据说多少话；不管被审判者是什么样的身份，都能坚持公平的原则。

小朋友，你觉得这样的人应该是一个什么样的人呢？

TIPS

思维风暴

请思考一下，如果某一天你被人误会了，比如你被同学误认为干了坏事，你要怎么证明自己是清白的呢？

第22课

善、恶是一定的吗

趣"问"哲学

小朋友，你觉得善、恶是一定的吗？你又是如何理解善与恶的呢？

许多暂时没有标准答案的问题，或是被人们认为不需要马上回答的问题，在哲学家看来都是很有价值、值得深刻探讨的问题。

对于一个没有标准答案的问题，大家争得面红耳赤！这种情况很常见。之所以会有这种情况发生，理性主义哲学家认为，这是因为人往往会过度相信自己的感官，以为自己看见的、听见的、闻到的、摸到的、尝到的就是真实的。但是果真如此吗?

比如，看到一个颜色鲜红、娇艳欲滴的苹果时，我们可能会理所当然地认为这个苹果很好吃，但这个苹果背对我们的那一面很可能有一个腐烂的大窟窿。

善与恶的问题，同样如此。当我们无法得知一件事情的全貌，包括前因后果和来龙去脉，我们往往难以做出正确的判断。

那些我们一时难以下判断的问题，经常困扰我们。比如英国哲学家菲利帕·福特提出的"有轨电车难题"。

假设有一辆火车正在行驶，它前方有向左与向右两条铁轨。有一个人被绑在向左的铁轨上，有五个人被绑在向右的铁轨上。这时，正好有人破坏了火车的制动系统，火车一时无法停下来。如果你是火车的驾驶员，你可以选择让火车往左或往右，你会怎么选?

小朋友，这个选择是不是有点儿困难呢?

有些人可能认为，五个人比一个人多，所以我们应该选择让火车往左；这样做尽管会牺牲一个人，却可以拯救五个人。

也有一些人可能认为，我们应该搞清楚那些人的身份；如果右边那五个人是死刑犯，而左边那一个人是救人无数的医生，我们应该选择让火车往右，因为死刑犯本来就该死。

还有人可能认为，无论是五个人，还是一个人，都是生命，所以如何选都不对。

这些选择理由都很充分，但都不是百分百正确的。

是的，正是这样！这个世界上有很多问题，并没有标准答案。有些问题，我们也无法寄希望于别人教我们怎么做，我们必须自己去思考。

哲学家看待善恶的角度，不是单一的，因而有很多精彩论断。一般来讲，不同哲学家对于善和恶，大致有以下三种观点：

第一种观点叫德行论。所谓德与行，是道德的德、品行的行。

这一派的哲学家认为，所谓善，就是德行好，比如用钱很节制、待人公平、遇到不公平的事情能伸张正义、能勇敢保护弱小等。相反，所谓恶，就是无德、品行不好，常干违反德行的事情，比如破坏公平正义的行为。

第二种叫义务论。

这一派的哲学家更注重一个人做事的动机。比如，某天你看见一位老太太拿不动东西，你出于同情心主动过去帮忙，你就是在做善事。但如果你是抱有某种目的才去帮忙的，比如想要得到某种奖赏，那么你的行为就谈不上善了。

第三种叫效益论。

这一派的哲学家认为，一个行为是善是恶要看结果如何，不只要看这个结果能让多少人感到幸福，甚至要看这个结果给人带来的幸福感有多持久。而所谓的恶，就是那些不能增进人们幸福感的行为。

从上述三种哲学观点，我们不难发现，善恶的标准不止一种。

甚至，对于善与恶，每个人都可能有自己的标准。那么，我们怎么知道自己的行为到底是善行还是恶行呢?

对于这个问题，很多哲学家都给出了自己的理解。我国明代有位哲学家叫王阳明，他提出了两个判断善恶的标准。

一、致良知

王阳明认为，人生来就有良知，也就是良心。比如，我们看到有人伤心，自己也会感到伤心，甚至想要过去安慰对方。所以只要我们能依从我们的良心做事，我们做出来的事就是善事。

二、知行合一

知行合一指的是，我们做的跟我们想的一致。比如，我们出于良心想要帮助跌倒的同学，而我们也真的过去扶他起来了。那么，我们做的跟想的便一致了，这就是善的表现。反之，如果我们昧着良心做事，那就无所谓善了。就像有的餐厅老板明明知道地沟油对人体健康有害，还是拿地沟油炒菜给客人吃，这就是恶。

所以，善恶如何评判呢？这就得问问我们的良心了。

TIPS

思维风暴

小朋友，请你思考一下，一个人做了九十九件好事，却做了一件坏事，这个人是好人还是坏人呢？

第23课

说谎一定不对吗

趣“问”哲学

小朋友，你还记得最近一次你做错的事情是什么事吗？做错事之后，你有告诉大人吗？你做错的这件事有被人发现吗？被发现做了错事的时候，你做了什么？你说谎了吗？

小朋友，当你做了坏事，却说谎隐瞒，你心里是不是很担心？比如心里很害怕、不敢告诉老师、怕受处罚、怕被大家知道、怕被大家嘲笑等。但是，你可能又会觉得应该说出真相，不然你会一直惦记——自己骗了人。是这样吗？

当我们伤害了对我们好的人，我们可能会为自己的行为感到难过，觉得自己糟透了。

当我们回忆起我们做过的坏事、说过的谎，我们会想起很多当时的感受。想起这些感受时，你觉得好受吗？是不是觉得当时那种不舒服的感觉，一下子又全部回来了呢？

我们会良心不安，这就是说谎可能带来的坏处。即使没有被人发现，我们可能也没有办法忘掉自己说谎的事实。

为什么爸爸妈妈和老师都告诉我们不要说谎呢？

我想最重要的原因，就在于他们不希望我们活得不快乐，他们不希望我们因为说谎而长期生活在自责的痛苦中以及害怕被揭穿的恐惧中。

进一步来说，如果人人都说谎，我们的社会会变成什么样子呢？

下面，我将和大家分享一个小故事。

古希腊有个哲学家叫苏格拉底。公元前399年，苏格拉底被雅典人抓起来，并接受了审判。有人指责苏格拉底的言论会影响青年的心灵。还有人说他不信城邦诸神。

苏格拉底一一反驳这些指责。最后，经过公民的投票，苏格拉底还是被判处死刑。

在苏格拉底被执行死刑之前，他的朋友和学生曾经试图营救他。他们进入监狱，告诉苏格拉底："我们已经帮您找到了一条可以逃跑的路。您逃走，就可以免于一死。"

然而，苏格拉底并没有接受这个建议。

苏格拉底认为，他作为雅典公民，必须遵守雅典的法律，不能在法律对自己有利的时候，就遵守；对自己不利的时候，就选择不遵守。

苏格拉底的坦荡值得我们为他鼓掌。

换句话说，当我们在思考人该不该说谎时，其实我们就是在思考人为什么要诚实、要坦荡。

我们为什么要做一个诚实、坦荡的人呢？

我们可以这样想象一下，如果社会上人人都能做到诚实，那么我们就不会买到假的东西，我们就不会因为被人欺骗而伤心，或是受到伤害。

我们若有的时候诚实，有的时候不诚实，就可能让别人受到欺骗，受到伤害。

某种程度上讲，诚实就是言行一致，不虚假；不诚实就是言行不一，不真实。

所以如果我们诚实，我们就不会受到良心上的谴责。

如果人人诚实，那么每个人都不会受到良心上的谴责。每个人都能尽职尽责，社会将一片祥和，人人都能过上快乐的日子。

尽管如此，还是有个问题想和大家一起思考一下："你觉得说谎就一定不对吗？"不是有"善意的谎言"吗？什么是"善意的谎言"呢？

善意的谎言是指出于某种善意的原因所产生的谎言。善意的谎言没有恶意，而且它不是为了满足某个人的私欲。但是我们并不否认一点，善意的谎言也是谎言。

从某种程度上讲，善意的谎言能给我们更温馨、和谐的生活，善意的谎言在我们的生活中不可或缺。

我们应当合理运用善意的谎言，杜绝恶意的谎言。

或者，我们可以这样理解，我们的善意的谎言，不是为了伤害别人，而是为了让别人不受伤害。

可以说，在某些情况下，该不该说谎是一种人生智慧。

小朋友，读到这里，你是否真正了解了说谎可能给我们带来的坏处呢？“善意的谎言”又是怎样的，你明白了吗？

TIPS

思维风暴

如果有人对你说谎，你会不开心吗？你自己又是如何看待“善意的谎言”的呢？你能接受“善意的谎言”吗？

第24课

承诺一定要兑现吗

趣“问”哲学

小朋友，你过生日之前，如果爸爸妈妈问你：“想要什么生日礼物？”你会怎么回答呢？如果你想要一条小狗，爸爸妈妈答应了你的要求。但生日当天，他们给了你一条玩具狗，你会不会生气呢？

正如上面的问题问的一样，如果爸爸妈妈说好你过生日时送你一条狗，最后却送了你别的东西，你会不会生气?

也许，你生气的原因，不在于礼物是什么，而在于爸爸妈妈没有履行承诺。

的确，别人对我们许下承诺，却没有兑现，我们会不开心。实际上，当我们和自己许下承诺，如我们没有兑现，我们同样也会不开心。

比如，暑假期间，为了过一个充实的暑假，我们借了好多书回来，打算一天读一本书。结果，很多书只是安安静静地被放在家里放了一整个暑假。这时候，一想起自己没有如期执行的读书计划，我们难免心生沮丧，甚至对自己感到失望。

小朋友，你发现了吗？我们在和别人约定好一件事情的时候，会有心理预期。更有趣的是，我们往往会因此有一种心理倾向，会把预期目标当成已经落实的事情。

正是因为这样，若是预期目标没有实现，我们便会有强烈的失落感。

谈到信用，不得不提的哲学家是康德。康德是个非常注重纪律的人，他每天下午三点都要出门散步。康德的邻居每天只要看见康德出来散步了，就知道三点到了。并没有人强迫康德这么做，这是康德对自己的要求。

除了对自己，我们对他人更要诚实守信。

古罗马哲学家西塞罗认为，守信用是人际交往最重要的原则，如果一个人再三失信，这个人恐怕不值得我们交往。同时，一个再三允许自己失信于人的人，往往对自己也谈不上守信用。

各个国家都有很多关于诚实守信的故事。诚实守信一直被视为一种崇高的德行。但是不是所有的承诺都必须兑现呢？

譬如，大诗人李白在《长干行》中写道："常存抱柱信，岂上望夫台。"这里面讲了两个典故。

一是"抱柱信"。话说有个叫尾生的人，有一次他和一位女子相约在桥下相会。约定的时间到了，女子没有来，他就一直在桥下等。一直等到涨潮了，他都没有放弃。他抱着桥下的柱子就是不走，结果最后被河水冲走了。

第二个典故是"望夫台"。话说湖北武昌有座山，山下生活着一个妇人。因为丈夫去打仗了，这个妇人便经常在山上远望，期望丈夫早点回来。时间久了，这妇人化为了山上的一座石像。

〝常存抱柱信，岂上望夫台。〞小朋友，这两句诗中的两个故事给了你什么启示呢?

仔细想想，如果我们跟朋友约好了要见面，我们是不是也要像尾生一样不顾性命，即使在台风天也要冒着生命危险出去赴约呢？我们因此受伤了，这代价是不是有点儿大？如遇突发情况，我们或许可以想想办法，取消约会。

所以，面对一些极端情况，我们要再三考虑我们做的承诺，到底合不合理，以及有没有更合理的解决方案。这里的合理，一般指以下两个方面，一个是合逻辑，一个是合道德。

所谓合逻辑，就是一个约定符合自然规律，同时我们也确实有能力做到。比如，你跟朋友约定，中秋节一起拿弓箭把月亮射下来，这就不合逻辑。

所谓合道德，指的是约定一定要出于双方自愿，且约定本身不违反道德规范。比如，有人拿刀架在你脖子上威胁你，如果你不拿钱出来，就要你的命。你可以拿钱给他，但这并不是出于你的自愿，而是出于被迫。威胁、强迫别人是不道德的。

合理履行承诺需要智慧，但更大的智慧是知道怎么许下合理的承诺。

小朋友，你说我们许下承诺时该注意些什么呢？

相信有些小朋友已经猜到了。如同前面谈到的，我们许下承诺时，要从期望值与实现的难度两个角度来考虑。对于不合理的承诺，比方那些不合逻辑或是违反道德的事情，我们不该抱有期望。我们的期望越合理，越符合道德规范，落空的机会相对就越小。

所以，承诺一定要履行吗？这个问题相信你已经有答案了。并非所有的承诺都要履行，但对于可以履行的合理的承诺，我们一定要履行。

TIPS

思维风暴

小朋友，如果让你给未来的自己许下一个承诺，你希望三十岁的自己过上什么样的生活呢？你又将如何去兑现这份承诺呢？

第25课

何为“公德心”

趣“问”哲学

小朋友，你在学校都学习了哪些知识呢？除了文化知识，老师有没有教给你一些别的东西呢？肯定是有的，比如“公德心”。在公交车上看见老人、孕妇，你把座位让给了他们，这就是一种基于公德心的表现。那么，当我们在路上看见正在乞讨的乞丐，我们该给他们钱吗？

我们来探讨一下什么是“公德心”。

什么是公德心呢？要真正了解公德心，我们先要搞明白什么是“公德”，什么是“私德”。

所谓公德，就是指应该被大家普遍实践的行为、善的行为、对每个个体甚至整个社会都有好处的行为。

所谓私德，指的是值得追求的但只对个体有好处的行为。“私德”对别人和社会不见得有好处。

哲学家亚里士多德认为，一个有公德心的人，会时时考虑众人的利益。比如，一个有公德心的人必定是个勇敢的人，当有敌人来侵略自己的国家，即使知道自己有可能会丧命，但他还是愿意和敌人决一死战。至圣先师孔子对道德的看法，和亚里士多德的看法相比，有异曲同工之妙。比如，孔子的“仁爱”观，简单说，就是指一个人要爱护身边的每个人，就像爱护自己一样。

亚里士多德谈的勇敢，和孔子谈的仁爱，都属于公德。他们都认为，每个人都应该追求这些德行；如果人人都能遵守这些德行，我们的社会会变得非常和谐而美好，每个人都能过上幸福的日子。

私德和公德最大的差异就在于，只求私德的人，他们做好事是为了自己，而不是为了别人。

小朋友，我们现在回到本文开头提的那个问题，我们看见乞丐在乞讨时给他钱花，这是私德还是公德呢？

要搞明白这个问题，我们先要弄清楚我们给乞丐钱的目的是什么，又可能会导致怎样的结果。

说到这里，我们来看两个小故事，或许能得到一点儿启示。

从前，有个富翁，他非常抠门。有一次，他生了一场大病，找了好多医生都没有治好自己的病。这是因为，一方面，富翁的病很怪，那些医生见都没见过；另一方面，富翁非常小气，所以那些医生并不怎么上心。

有一个医生认为，无论富翁是否小气，自己都应该尽到医生的本分。这个医生告诉富翁，要想健康长寿，必须多做善事。富翁病得难受，将信将疑地拿出一点儿钱，每天让人买好粥和饼，分发给当地的穷人吃。大半个月过去，富翁的病竟然好了。但身体好了以后，富翁就不再做善事了。

这个富翁做善事的目的不是为了帮助别人，因此他的善行无法持续。这个富翁虽然干了一些好事，但完全是出于私利，并非出于公德心。

我们再来看一个小故事。有一位大叔，人好、心好，非常喜欢帮助别人。有一次，邻居来找他借钱，他二话没说就把钱借给邻居了。邻居很感激，再三道谢。后来，这个邻居经常来借钱，大叔每次也都借钱给邻居了。慢慢地，这个邻居变得越来越不客气，来找大叔借钱的次数越来越多。

这一次，邻居又来借钱。大叔自己正好急需用钱，拒绝了邻居的要求。邻居很生气，把大叔骂了一顿。

你说，这个大叔是不是很冤枉？他借钱给邻居完全是出于一片好心啊！但是，这个邻居竟然把大叔借钱给他这件事视为理所当然，这就不对了。

所以，我们看见乞丐并且想要给他钱时，首先要问问自己我们这么做的目的是什么，是虚荣心作祟——为了让别人觉得我们很有爱心，还是真的想要帮助乞丐？

另外，正像上文中那位好心的大叔，我们实践我们的公德心时，若行事不够周全，有时非但帮助不了别人，还会让自己遭受损失，这就是好心办坏事了。

这么说来，如果我们要帮助乞丐，关键不在于是否要给钱，而在于我们是否真心想要帮助乞丐，这么理解对吗?

如果我们都能这么想，我想我们大概已经知道接下来该怎么做了。

如果我们想要帮助别人，我们要先想一想，我们这么做是出于公德，还是私德。

说句题外话。如果我们给乞丐钱，使得乞丐惰于工作，更加倾向依赖别人的施舍为生，一旦没人给钱，就要挨饿，那么我们不如给乞丐一些能让他们真正摆脱困境的帮助。

对任何一个和谐社会而言，公德绝对是每个人都应该具备的基本素养。

TIPS

思维风暴

请思考一下，一个有公德心的人是一个什么样的人呢?

第26课

为什么有人宁愿狡辩也不认错

趣“问”哲学

笔者有一只小猫叫大白。有一天，笔者买了一条鲈鱼，放在厨房的水槽里，准备晚上吃。准备晚餐时，笔者发现鲈鱼被吃得只剩下了鱼骨头。笔者问大白是不是它吃的，大白直摇头。笔者清理猫砂盆的时候，发现大白的便便里有鲈鱼肉。很明显，大白说了谎。如果你是大白的主人，你会怎么做呢？

在我们思考应该怎么教训大白的同时，我们也许还应该思考一下，为什么对有些人来讲认错那么难？有时我们就跟大白一样，做了错事，但就是不想承认。

我们总有做错事情的时候。当我们做了错事，如果没有人发现，只要我们不说，这将永远成为一个秘密。但我们可能会良心不安，因为我们确实做了错事。我们可能会想，即使一时之间没有人发现，谁知道以后会不会有人知道！

比如，我们不小心弄脏了妈妈的裙子，妈妈却以为是自己在外面不小心弄脏的。要是她之后知道是我们干的，她肯定会不高兴。如果之后她发现我们因此还说了谎，肯定会更加生气。想到这里，承认自己的错误对我们来讲就更难了，因为这似乎意味着我们即将受到惩罚。并且，有时不仅是怕受惩罚，父母失望的表情，我们更不愿看到。所以有时我们之所以不愿意承认错误，除了怕受惩罚，还有就是不想让人失望。

明明错了，为什么不愿意承认错误呢？更有甚者，宁愿百般狡辩，就是不愿意承认错误！

狡辩跟哲学上说的思辨不同。善于狡辩的人不管真相是什么，他都会坚称自己坚持的是对的。思辨则不同。从某种意义上讲，思辨中的任何一方并不在乎自己是对的或错的，即使自己是错的，如果在和别人思辨的过程中，得到了正确答案，依旧会非常兴奋。因为在他们看来，得到正确的知识远比自己对不对更重要。

所以我们会发现，有时一个人不愿意认错，除了缺乏勇气或是怕让人失望，还有就是非常在乎自己的对错。

小朋友，你都听过哪些狡辩的理由呢？

狡辩，很多时候是一种蛮不讲理的行为。从逻辑的角度来说，当一个人和另一个人都坚称自己是对的时，大致有四种情况。下面，我们就以甲先生和乙小姐两人为例说明一下。

第一种情况，甲先生是对的，乙小姐是错的。比如，甲先生说昨晚下雨了，乙小姐说没下。实际上，昨晚确实下雨了。那么，甲先生是对的，乙小姐是错的。

第二种情况，甲先生是错的，乙小姐是对的。比如，甲先生说天鹅都是白的，乙小姐说除了白天鹅，还有其他颜色的天鹅。事实上，黑天鹅是存在的。那么，甲先生是错的，乙小姐是对的。

那么，当一个人是对的时，另一个人肯定是错的吗？并非如此。一方是对的，并不等于另一方一定就是错的；一方是错的，并不等于另一方一定就是对的。

这就出现了第三种情况，甲先生是对的，乙小姐也是对的。比如，甲先生说大象有四条腿，乙小姐说大象是草食动物。他们都是对的。

第四种情况，甲先生是错的，乙小姐也是错的。比如，甲先生跟乙小姐昨晚都应该参加公司的晚宴，但他们都没去。今天早上碰面后，他们都假装自己昨晚有去参加晚宴。于是甲先生说，昨天晚宴上的龙虾真好吃啊！乙小姐说，牛排也不错。实际上，昨天的晚宴既没有龙虾，也没有牛排。那么甲先生跟乙小姐两人都说了谎，他们都错了。

还有一种例外情况，那就是甲先生跟乙小姐说的话目前都无法证实。比如，甲先生说人类有一天会灭亡，乙小姐说人类不会灭亡。人类是否会灭亡这件事短时间内无法证实，是一个未知的情况。因此，他们谁说的对，谁说的错，暂时不会有定论。

试想一下，如果有人做了错事，伤害了你，却不向你认错，你会怎么做？或是，你犯了错，一时又不想承认，该怎么办呢？

通过前面的内容，当我们发现自己犯了错误，却不想认错，可能有三种原因：一种是我们缺乏勇气，一种是我们害怕被惩罚，还有一种是我们太在乎自己是对是错。

犯错之后，如果我们当下真的很害怕，不用过分自责。我们要记住，每个人都有犯错的时候。重要的是，我们能不能勇于面对错误，承担责任。

TIPS

思维风暴

小朋友，从现在开始，你犯了错后会怎么办呢？另外，你愿意原谅犯过错的人吗？为什么？

第27课

做了坏事一定会受到惩罚吗

趣“问”哲学

俗话说，“善有善报，恶有恶报”，意思是说人做了好事就会得到好报，做了坏事就会受到惩罚。小朋友，你相信“善有善报，恶有恶报”吗？

回答这个问题之前，我们先来看一下美国作家弗兰克·鲍姆的作品《绿野仙踪》中的故事。

这本小说讲的是小女孩桃乐斯、狮子、稻草人和铁皮人在奥兹国的冒险故事。

桃乐斯被龙卷风带到了这里，所以她需要找到回家的路。狮子很胆小，它希望能够获得勇气。稻草人觉得自己不够聪明，希望有人能给自己装个大脑。铁皮人原本是人类，但因为受到女巫的诅咒，失去了肉身，成了铁皮人，所以他很怕碰到水，因为一碰到水，他身上的铁皮就会生锈。铁皮人有个心愿，就是找奥兹国的国王帮自己装一颗心。

经过一番曲折的冒险经历，桃乐斯等人终于见到了奥兹国的国王。结果，桃乐斯发现，奥兹国的国王跟她一样都是被龙卷风带到这里的普通人类，根本没有什么法力。

奥兹国国王用针线给稻草人缝制了一个大脑，将木屑填充在丝绸里给铁皮人做了一颗心，还给了狮子一种号称能帮它获得勇气的神药。因为他们都相信奥兹国国王有法力，所以当他们得到这些东西，他们感觉自己得到了他们需要的东西。

小朋友，你说他们是不是很傻呢？

换个角度看，我们也许都误解了大脑、心灵和勇气的力量来源。

人都有大脑，但有些人不能好好使用自己的大脑，利用自己的聪明才智做坏事。有些人虽有心，但他们却不懂得关怀别人，对人很冷漠。有些人虽然有勇气，但他们没有将勇气用在追求对的事情上，老是跟别人发生冲突，伤人又伤己。

相反，虽然稻草人没有真正的大脑，但他却能给桃乐斯出好多好主意；尽管铁皮人得到的不是真正的心，但他一直都是这支队伍中最懂得关怀别人，最值得信赖的伙伴；狮子虽然刚开始很胆小，但当它跟大伙儿有了感情，关键时刻还是会挺身而出，保护同伴。其实在他们身上，智慧、爱心和勇气一直都在，只是他们没有发现而已。

《绿野仙踪》中所讲的故事，告诉我们一个道理，有时我们在做好事的过程中所得到的感受以及成长，就是我们做好事所得到的最好的报偿。比如，铁皮人最终没有得到一颗真正的心。然而，当他关怀别人的时候，别人完全可以感受到他的爱心，他自己也因为帮助别人而感受到了自己爱人的能力，这便是他做好事的报偿。这也许就是善有善报！

小朋友，试想一下，如果有些人选择做坏事，比如伤害他人、拿走不属于自己的东西等，他们得到的惩罚会有哪些呢？

也许，他们得到的惩罚，并不一定是法律上的或道义上的惩罚。就像有的学生作弊，却没有被老师发现。这好像在告诉我们，做坏事不一定会受到惩罚。

我们不妨换个角度看。当我们选择作弊，我们失去了什么呢？作弊过程中，我们会担心被抓，不作弊的小朋友则不用担心这一点。我们即使通过作弊拿了高分，但我们心里明白这并不是我们真正的实力。当别人都以为我们很棒，实际上我们内心很清楚自己能拿多少分数。更重要的是，我们会一直担心有人发现“我们作弊”这件事。

另一方面，对于其他认真读书的孩子来讲，他们某次考试的成绩虽比不上作弊的人，但他们通过认真读书累积的知识很扎实。到了不能作弊的升学考试，认真读书的人基本能考出自己的实力，而常常作弊的人，因为没有真正把知识装进脑袋里，他们将拿到一个真正属于他们的低分。这样看来，你说谁得了利，谁又遭受了损失呢？

除了前面说到的这些惩罚，你还想到了哪些惩罚？

如果真的有人作弊时一点儿都不害怕，一直没有被人发现，一路都很顺利，我们却寄望他们终有一天会接受惩罚，这是不是我们一厢情愿呢？

对于这个问题，我们需要搞清楚一件事：什么是惩罚？一般来讲，接受惩罚就意味着要失去些什么。比如，有些人犯了法要坐牢，失去了自由。又如，有些人考试作弊，考卷会被老师打零分。

所以对于那些做坏事的人，他们有没有得到惩罚，就要看他们有没有因此损失什么。

实际上，惩罚可以分为两种。一种是看不见的惩罚。比如，有的人作弊后担惊受怕，他们内心的这种怕就是一种惩罚。另一种是看得见的惩罚，比如扣分、罚钱、坐牢等。

很遗憾，确实有些人做了坏事，并没有得到我们所谓的看得见的惩罚。但是他们有没有得到看不见的惩罚呢？我们没有超能力，因而无从得知。

实际上，让所有做坏事的人都得到看得见的惩罚，并不容易。对于我们每一个个体来讲，最好多做好事，不做坏事，以避免任何形式的惩罚。

TIPS

思维风暴

如果一个人得到的惩罚重于他犯的错，这合理吗？

第28课

为什么有人喜欢作弊

趣“问”哲学

小朋友，如果某天去到学校的时候，你才想起老师上周说过这天要考试，你会不会特别紧张？当拿到考卷时，你左右张望，发现其他同学都在奋笔疾书，但你因为准备不足，考卷上很多题都不会做。这时，你是不是很焦虑、很不安？那么你会怎么做呢？

有些同学可能会采取一种做法——这种做法被老师明令禁止——“作弊”。

什么叫作弊？作弊的另外一种说法就是造假。哲学家认为，所谓“假”就是“名不副实”。比如，一个实际上并不诚实的人，却标榜自己很诚实。再如，你在班上的座位号明明是33号，但当老师问32号同学在不在时，你举手说自己是32号。

《韩非子》中有个故事，名字叫《滥竽充数》。竽是一种吹奏乐器。

传说，齐国的齐宣王喜欢听人吹竽，并且喜欢让很多人一起吹给他听。平常，有三百位乐师每天一起吹竽给齐宣王听。

有个叫南郭处士的人得知这一消息之后，觉得有机可乘，就在齐宣王面前吹嘘，说自己很会吹竽。

齐宣王很高兴，就让他加入了乐师的行列。

齐宣王过世后，他的儿子继承王位，是为齐湣王。齐湣王也喜欢听人吹竽，不过他喜欢听独奏，喜欢乐师单独吹竽给他听。因此他下命令，要求乐师轮流到他面前吹奏。

南郭处士根本不会吹竽，听到这个消息连夜逃跑了。

你说，南郭处士的做法是不是很卑鄙呢？另外，为什么有那么多人跟南郭处士一样，要用作弊的方式，为自己谋私利呢？

这很可能是因为人们都不喜欢失败。失败会给我们带来羞耻感。什么是羞耻感？比如，一个人在路上跌倒了，他可能会觉得好丢脸，感觉所有人都在看自己，恨不得赶紧找个没人的地方躲一躲。这就是羞耻感所致。

作弊的消极原因，是害怕处罚及避免失败。有些人考试时作弊，并不是因为他们觉得得到高分会让他们快乐，而是不及格会给他们带来很多不快乐，比如会被同学耻笑，被老师处罚，甚至被父母责骂。

不公平会带给我们不快乐的感受，因此如果我们希望每个人都能得到公平对待，我们不应该作弊。我们可以不作弊，但若看见同学作弊，我们该怎么办呢？

人有一种本性，就是合群。当我们看见同学作弊，我们可能会这样想，如果向老师打报告，同学会受到惩罚，我们则要承受来自同学的埋怨。我们不喜欢跟打小报告的人交朋友，很可能是担心其他同学知道了，不跟我们交朋友。

另外，还有些人可能会想，也许哪天我也会作弊；我作弊的时候可不希望有人打我的小报告，所以为了以后我作弊的时候不被别人打小报告，我也不打别人的小报告。

这两个想法，在哲学家看来都有问题。

首先，志同道合才能成为朋友。比如，诚实的孩子更希望跟诚实的孩子交朋友。所以当一个人选择诚实，别的诚实的人看见了，自然会跟他交朋友。至于那些不诚实的人，他们若不愿和我们交朋友，那也罢了。

其次，只要我们总是认真读书，自然就不会有作弊的需要。我们不作弊，就不用担心被抓。并且，就像前面讲的《滥竽充数》这个故事中的南郭处士一样，我们某次考试通过作弊拿了九十分，大家就会以为我们有这个能力；哪天万一要代表学校去比赛，那个场合不能作弊，考题更难，我们可要丢人喽！

TIPS

思维风暴

如何才能真正杜绝作弊的行为呢？